100 IDEAS para líderes de células y grupos pequeños

e625.com

100 IDEAS PARA LÍDERES DE CÉLULAS Y GRUPOS PEQUEÑOS
e625 - 2017
Dallas, Texas

Todas las citas Bíblicas son de la Nueva Biblia Viva (NBV) a menos que se indique lo contrario.

Editado por: **Lucas Leys**
Diseño Interior: **JuanShimabukuroDesign**

ISBN: 978-1-946707-78-9

IMPRESO EN ESTADOS UNIDOS

100 IDEAS para LÍDERES de CÉLULAS y GRUPOS pequeños

COLABORADORES

WILLY GÓMEZ

NATY ZUKO

BIANCA QUINTERO

ADRIEL MELÉNDEZ

KANY CRUZ

BERY GÓMEZ

MARCIA DIAZ

MARCO QUIÑONEZ

CARINA VALERGA

WENDDY NECIOSUP

MELO ZERAVIKA

CASSY VIVEROS

VALERIA LEYS

Y MIEMBROS DEL EQUIPO DE RECURSOS DE E625.COM

PRESENTACIÓN IMPORTANTE

¿Quién no necesita ideas? Todos las necesitamos. Ideas frescas, excéntricas, inolvidables y osadas. Sobre todo, cuando el propósito es cautivar a un grupo selecto de personas con las verdades eternas de Dios.

La creatividad es un regalo del cielo y una gran noticia que tenemos para darte es que la creatividad de otros puede también ser tu creatividad. ¿Quién lo sabe todo por generación instantánea? Solo Dios. Los demás, aprendemos compartiendo ideas unos de otros y de eso se trata este libro y esta serie (Este libro es parte de otros materiales de este estilo).

La creatividad se aprende. Demanda trabajo y planificación. Requiere algo de desinhibición cognitiva, fe y amor. ¿Por qué amor? Porque si te desespera que tu público aprenda, es porque les amas y cuando les amas, no tienes tantas trabas emocionales y excusas para no usar la creatividad y exponerte a hacer cosas diferentes.

El GRAN POR QUÉ

El punto de usar la creatividad en el ministerio no es ser creativos, sino eficaces y fieles y lograr lo que Dios puso en nuestras manos para lograr. Yo me resisto a esa idea anti bíblica de que si es espiritual es aburrido y si es aburrido es porque es espiritual. *¿Por qué espiritual no puede ser emocionante?* Lo emocionante es divertido. Atrapa y seduce y para eso usamos la creatividad. Nuestras actividades deben dejar en claro que no hay nada más emocionante que estar en la voluntad del Dios que nos escogió para una vida abundante (Juan 10:10) que sea catalizadora de su gracia (Efesios 2:10).

De manera aislada, casi todas estas ideas te pueden hacer creer que tu tarea es hacer algo espectacular para que tu público crea que eres espectacular. Pero sería un despropósito que el punto sea ese. El objetivo de cada idea está anclado en la pedagogía. Usamos estas ideas para enseñar. No siempre y no todas para dar una clase bíblica, porque también es bíblico trabajar en las relaciones (Marcos 3:14) pero sí, por amor a la tarea que tenemos entre manos y a las personas a las cuales servimos.

DE LAS IDEAS A LA ACCIÓN

Quienes trabajamos en este libro no conocemos a tu público como tú, lo cual quiere decir que todo lo que leas demanda una adaptación y también un plan de ejecución. En muchas ocasiones el «timing» (o dicho en español, encontrar el tiempo oportuno) define el resultado de una idea más que la idea en sí misma. Lo que sabes de tu público determina si una idea es realizable o no con ellos, aunque igual, a veces te puedes sorprender.

Las ideas no tienen pies, manos u ojos, pero tú si así que no es que las ideas trabajan o no, sino que nosotros debemos trabajar para que las ideas lleguen a la acción.

Planea con anticipación. Creatividad no es sinónimo de espontaneidad. Si la idea requiere materiales, lo primero es conseguir los materiales. Si la idea demanda cómplices, prepara a los cómplices lo mejor posible de antemano.

Calendariza las ideas porque si esperas a la situación ideal para realizarlas, es posible que nunca vayan a suceder. Eso no quiere decir que no busques el tiempo oportuno como ya dijimos, pero oportuno no es sinónimo de perfecto.

LO VERDADERAMENTE SAGRADO

Por último, te recuerdo que prácticamente ninguna de las actividades que hacemos en el ministerio son sagradas. Lo sagrado es la palabra de Dios y las personas a las cuales servimos. Los horarios, comportamientos y costumbres son detalles de los usos de cada contexto. Ni siquiera el templo es sagrado porque Dios no habita ahí (Hechos 17:24).

Ni el horario de la reunión, la manera de sentarse, o el orden de actividades está en la Biblia lo cual quiere decir que Dios te dio libertad creativa para implementar distintas ideas de cara a la misión de hacer discípulos (Mateo 28.18). Claro que debemos ser sensibles a lo que nuestra comunidad interpreta de cada costumbre (Romanos 14:1-2) y que siempre debemos estar seguros de no ser cómplices de rebeldía barata o bajar los estándares de moralidad, pero con sentido común, en todo se puede innovar para ser cada vez más fieles a la tarea que Dios puso en nuestras manos.

¡Ánimo en Jesús!

Dr. Lucas Leys
Autor. Fundador de e625.com

CONTENIDO

TU LISTA DE IDEAS

IDEAS *generales*

1. HABLA MENOS Y ESCUCHA MÁS

La experiencia de un grupo pequeño no es una réplica pequeña de una reunión normal de iglesia o una reunión del grupo de jóvenes. Este es un espacio para mirarse las caras, escucharse los unos a los otros, ir más profundo en la palabra para aprender juntos y conocerse mejor.

Arma un circulo donde todos puedan verse, ten sillas de más para los invitados nuevos y activa tus habilidades para hablar menos, escuchar más y facilitar que quienes hablen sean los participantes.

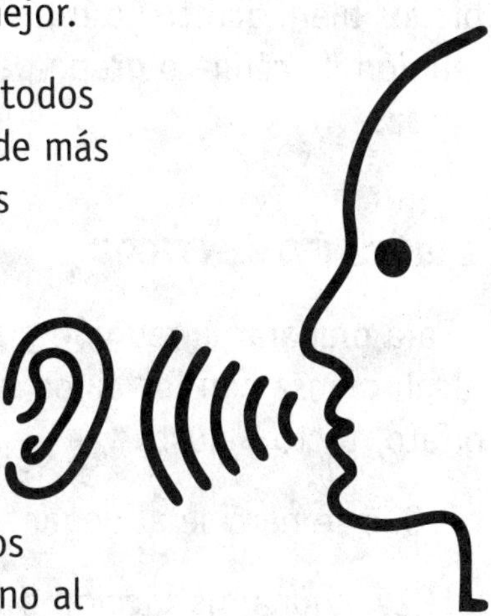

Este es tu grupo y tú los estás sirviendo a ellos y no al revés.

2. LÍDER O ANFITRIÓN

Para que un grupo pequeño funcione mejor es ideal tener dos roles claros: Los líderes y los anfitriones.

Los líderes tienen la responsabilidad de guiar, enseñar, influenciar y promover a los integrantes del grupo y los anfitriones de dar la bienvenida, encargase de los materiales, acondicionar el lugar donde se lleva a cabo el grupo y brindar las atenciones a los asistentes. Esto no quiere decir que los líderes no pueden ser anfitriones o viceversa, pero lo ideal es tener ambos roles diferenciados para modelar un trabajo de equipo, sumar fuerzas y disminuir los nervios de que algo no esté listo.

La atmósfera de bienvenida y el contenido de las clases son dos componentes poderosos que, ensamblados bien, acrecientan las posibilidades de que una reunión de célula o grupo pequeño sea mucho más eficaz.

3. LOS CINCO SENTIDOS

Para preparar la reunión y sobre todo el ambiente ideal, piensa con los cinco sentidos. Si. Vista, oído, olfato, tacto y gusto.

¿Qué se percibe al llegar al lugar del grupo?

¿Hay alguna distracción o incomodidad que es posible evitar?

¿Cómo involucrar la mayor cantidad de sentidos en la enseñanza?

No siempre es posible «atacar» todos los sentidos, pero cuantos más puedas estimular de manera positiva para lograr el mejor foco a lo que sea más importante, más impactante será el resultado.

Dios diseñó al ser humano con la capacidad para percibir la realidad combinando todos estos factores y no podemos desmerecer la importancia de cada uno.

4. ARRANCA DÓNDE ESTÁN

Mientras los participantes van llegando es bueno averiguar cómo les fue en la semana y si hay algo novedoso que sería bueno contarle al resto del grupo. Si te lo dicen a ti al saludarse, pregúntales si se animarían a compartirlo con el resto del grupo y luego al comenzar animales abiertamente a hacerlo.

Es bueno tener un tema, un foco y un desarrollo, pero un grupo pequeño o célula no puede ser solamente una clase. Arranca en su semana. Sus estudios y la vida normal. Que se escuchen entre ellos y conozcan más de su vida íntima, les ayudará a establecer una mejor conexión entre ellos y a la vez generará una mejor conexión grupal con el contenido de la clase.

Asegúrate de tener algunos minutos al comenzar cada reunión para compartir noticias personales. Hazles preguntas. No dejes que ninguno monopolice la conversación más de una reunión y cuando se cuentan cosas importantes a la siguiente reunión arranca allí para saber si hay novedades.

5. ANTICIPAR ES MEJOR QUE LAMENTAR

Siempre es una buena idea contar con un equipo de líderes bien preparados. Si tienes a tu cargo a varios líderes de células o eres uno de muchos, asegúrate que en tu equipo se repasa de antemano lo que va a suceder ya sea en la semana de reuniones o al menos en el mes.

La interacción continua de los equipos de liderazgo es fundamental para que todos estén en la misma página y también para que al compartir sus experiencias puedan aprender a anticipar lo que va a suceder escuchando a los demás.

Nunca tenemos «demasiada» preparación. Poder visualizar cada instante de la clase e incluso las posibles interrupciones, nos ayuda a manejar mucho mejor los tiempos y asegurarnos que guiamos al grupo hacia los objetivos que Dios puso en nuestras manos.

6. RELACIONES MÁS CERCANAS

La misión de los líderes de grupos pequeños es desarrollar una relación estrecha con los asistentes al grupo para ayudarlos a crear una relación más estrecha con Dios y entre sí.

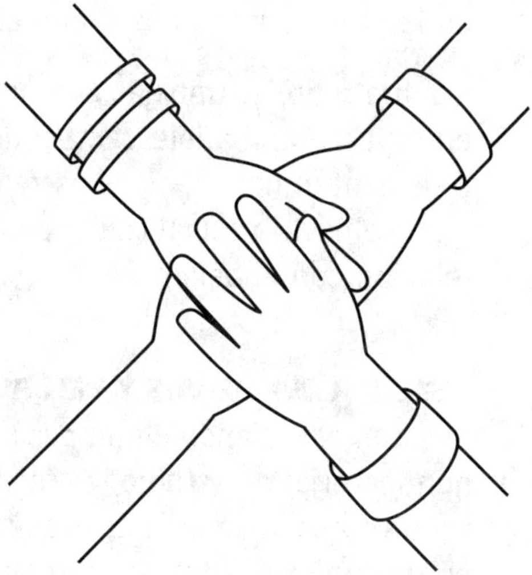

Tú no puedes controlar el crecimiento espiritual de los miembros de tu grupo, pero puedes proveer los dispositivos necesarios para que suceda. Dispositivos como una clase bien meditada y guiada. Objetivos claros y métodos relevantes en la enseñanza y un trabajo intencional de facilitar las relaciones.

Contrario a lo que se ha enseñado en muchos ámbitos, el único objetivo de un grupo pequeño o célula no es la relación con Dios. Esa es la razón más importante pero no la única ya que Dios mismo nos diseñó como personas sociales que dependemos unos de otros, incluso para acercarnos a él.

Dios creó a cada ser humano individualmente pero no para que seamos individualistas y la fe siempre es más bien una expresión comunitaria y por eso todos necesitamos amistades que saquen lo mejor de nosotros. Esa es también la razón por la que la Biblia repite la frase «los unos a los otros» en tantas ocasiones y es que necesitamos a otros para crecer en la fe y mantenernos firmes cuando flaqueamos.

Sobre todo, si trabajas con nuevas generaciones y en especial con adolescentes, que sea hagan amigos y se sientan hermanos es parte de tu tarea espiritual y un vehículo irremplazable para que estrechen su relación con el Señor.

7. SABE A DÓNDE VAS Y TEN RUTAS ALTERNATIVAS

Si están estudiando algún pasaje o utilizando algún material de estudio, es fácil tener claro cuáles son las áreas que quieres enseñar. Pero puede que el estudio tome otro rumbo debido a preguntas que surjan.

Debemos estar abiertos a oportunidades especiales de enseñanza, en especial cuando los participantes son los que comparten alguna pregunta de fondo que es importantísima para luego encarar el tema de la reunión. Prepárate para afrontar estos cambios de ruta con astucia siendo alguien que no solo está preparado para una clase, sino que tiene un conocimiento básico acerca de las principales doctrinas de la fe cristiana.

Una técnica para controlar una conversación es asignarle minutos, diciendo- ¿que tal si respondemos esta pregunta por 10 minutos y luego volvemos a la clase? O no temas decir, terminemos la clase y al terminar debatimos ese tema.

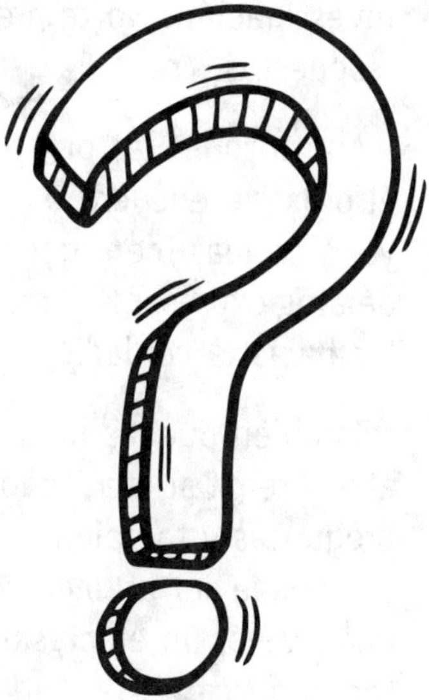

8. LAS PREGUNTAS SON TUS MEJORES AMIGAS

Una de nuestras oportunidades más grandes como líderes es ayudar a las nuevas generaciones a pensar y descubrir la verdad de Dios por si solos...

Si queremos que ellos tengan la capacidad de dar cuentas de su fe con sus pares y saber por qué creen lo que creen, debemos trabajar para que las dudas se transformen en las convicciones más profundas de sus vidas y por eso no hay que esquivar las dudas sino encaminarlas con preguntas para que se puedan resolver.

Siempre es bueno generar espacio de preguntas para estar seguros de que entienden las lecciones, pero cada tanto abre el tiempo para preguntas generales también. Puedes proponer tú el tema o simplemente ver sobre qué tema desean indagar.

Cuando ellos te hagan preguntas devuelve preguntas para que ellos investiguen y sé parte de la investigación. No te preocupes si no tienes todas las respuestas.

Anota todas las preguntas. Prepara respuestas para el próximo encuentro, pero no digas las respuestas y ya, sino más bien, genera un ambiente de debate y déjalos expresarse y repreguntar. Tu función es guiarlos hacia la verdad.

También puedes invitar a una persona experta en algún tema al cual todos los jóvenes puedan hacerle preguntas y también contestar las que habías anotado. Puede ser un médico, el pastor, un universitario, una mamá, un empresario, etc. Dependiendo del tema, busca un invitado especial y disfruta con ellos del ejercicio de preguntas y respuestas.

9. LA CAJA DE LOS PEDIDOS

Crea una caja de pedidos de oración para que en cada reunión todos puedan exponer sus necesidades. Una caja les da la oportunidad del secreto, sobre todo a los más tímidos que igual sabrán que se ora por ellos, aunque nadie sepa quién hizo el pedido.

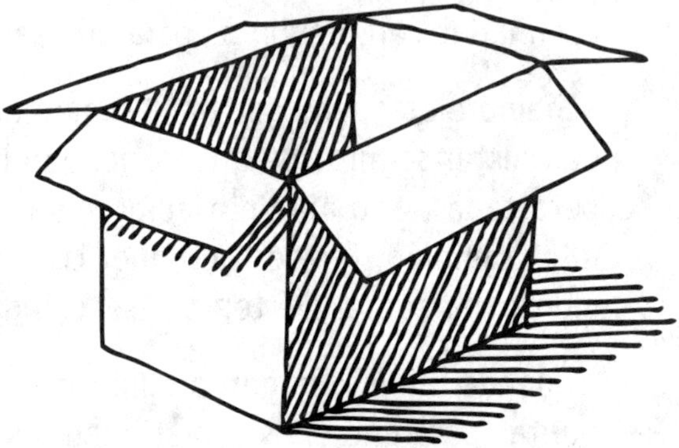

Aún si en tu grupo todos fueran extrovertidos, la caja

te ayuda a crear un hábito de oración y al ir sacando papelitos puedes controlar el tiempo diciendo de antemano cuantos vas a sacar.

Procura no ser tú el que ora siempre. Si hay muchos puedes dividir el grupo en parejas y que todos oren de a dos por algunos de los pedidos al comenzar la reunión.

10 INVOLUCRA LA VOCACIÓN

Dedica algunas reuniones y conversaciones a explorar los intereses y profesiones que están llamando la atención de tus muchachos. Este es un tema trascendental y una decisión demasiado importante, así que puedes tomarte varias semanas para enseñarles y aconsejarles sobre la vocación que elegirán, según las habilidades que Dios ha depositado en cada una de sus vidas.

Culmina esta serie con el desafío a que cada uno de tus estudiantes pueda identificar dentro de la iglesia, a algún adulto confiable que ya esté realizando la profesión con la que ellos sueñan, y que se proponga desarrollar una relación más cercana con esta persona a fin de escuchar de su propia boca, su experiencia personal y consejos que le servirán en cuanto a esa profesión. Las nuevas generaciones necesitan adultos confiables a quienes admirar y a quienes poder recurrir con sus preguntas y dudas y si justamente encuentran alguien con quien hablar de su profesión, su interés se incrementará y la ayuda que encuentren será más precisa.

11 ANTES Y DESPUÉS

Liderar una célula no es igual a subirse a una plataforma a hablar durante una reunión general. Tu disponibilidad hace una enorme diferencia. Marca tu agenda para cubrir media hora antes y media hora después de tu tiempo específico de reunión. Esa hora extra es poderosa.

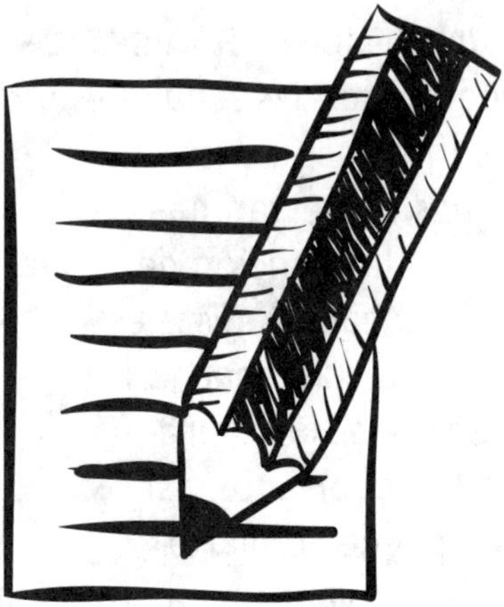

El hábito de llegar antes te ayudará a estar emocionalmente mejor preparado para ser extra cordial cuando tus estudiantes lleguen y asegurarte que todo esté listo; y el hábito de quedarte extra te permitirá cerrar cabos sueltos de la reunión o tener reuniones personales clarificando lo hablado.

No prolongues demasiado tu estadía si estás en la casa de otra persona. Media hora luego de terminar es suficiente.

12. CREA ESPACIOS DE SERVICIO

Los grupos pequeños y células no son solamente un tiempo de conversación y discusión. También pueden ser una plataforma para explorar el servicio.

Comienza por crear la posibilidad de que, si tienes jóvenes que saben tocar instrumentos y cantar o pintar o hablar, o actuar tengan espacio para poner en práctica sus talentos. De igual manera si sabes que hay jóvenes con conocimientos en administración de dinero, genera la posibilidad para que puedan poner en práctica sus conocimientos. Puedes hasta contar con un equipo de bienvenida que se encargue de tomar los datos de los nuevos jóvenes y hacerlos sentir parte del grupo. Cuantos más protagonistas tengas, más participantes felices tendrás.

Piensa con el grupo en acciones de servicio externo que también pueden hacer juntos. Visitar un hospital para orar por los enfermos, hacer una colecta a beneficio de laguna familia que ha perdido a un padre o pintarle la casa a alguna pareja de abuelos son buenos ejemplos de iniciativas de servicio que pueden funcionar perfecto para tu grupo.

13. NO TODOS LOS GRUPOS SON IGUALES

Cada grupo pequeño es diferente y depende del contexto en que fue creado.

Obviamente el promedio de edad cuenta y también el ámbito socio económico para discernir necesidades y la estrategia más relevante. Si estudian o trabajan o son desempleados te dirá bastante de sus necesidades y de cuánto puedes contar con su disponibilidad de tiempo.

Quizá tu grupo de jóvenes utiliza los grupos pequeños como una actividad espontanea durante la reunión semanal. Otros los tienen como parte de su currículo semanal, lo que hacen que cuentes con un abanico de opciones para los chicos.

Puedes crear grupos pequeños por edades, intereses, grados de escuela, géneros y geografía. Es imposible que todos los grupos pequeños sean idénticos y si tu ministerio es muy numeroso, es buena la estandarización de metas, filosofía y materiales, pero no cometas el error de hacer que todos los grupos pequeños hagan exactamente lo mismo al mismo tiempo o produzcan los mismos resultados de multiplicación si la meta es que sean evangelísticos. Uno de los valores de la editorial que está detrás de este libro indica que el crecimiento espiritual nunca es matemático.

Evalúa las necesidades que el grupo de adolescentes o jóvenes tenga y crea grupos o células para suplir estas necesidades.

14. AL GRANO Y SIN MONÓLOGOS

El grupo pequeño es un momento donde se facilita la conversación y no un momento para monólogos interminables sin escuchar a los demás.

Todos necesitamos ser más humildes y pacientes para saber escuchar aun cuando la respuesta pueda parecernos muy obvia a nosotros. El mejor resultado es que los participantes aprendan a ayudar a otros a encontrar las respuestas compartiendo sus experiencias y perspectivas individuales.

Mantén el foco, ve al grano de la clase y devuelve la atención del grupo hacia el tema en cuestión cuando hayas distracciones que se pueden evitar.

15. EVITA LOS MONOSÍLABOS

Las preguntas en un grupo pequeño no son para saber si los participantes saben sino para facilitar su comprensión y expresión y por eso debes dar tiempo a que los participantes respondan y hablen acerca de lo que piensan sin generar una continua evaluación como si fuera que les tomas un examen. Eso drenará las ganas de expresarse.

Por esta razón, evita preguntas que se respondan con un monosílabo. Las preguntas que se responden con «no» y «si», son preguntas de examen. Mejor pregunta ¿qué creen acerca de este verso? O ¿qué harían ustedes en esta situación?

16 LA REUNIÓN EVANGELÍSTICA

No es bueno asumir que todas las personas que asisten regularmente a una iglesia le entregaron ya

su vida a Cristo y por eso es bueno, preguntar y darles la oportunidad de hacerlo.

Si tus reuniones son semanales puedes establecer que la última reunión del mes sea para invitar a otros amigos y hacer evangelismo o si siguen un esquema temático de reuniones, las reuniones evangelísticas pueden ocurrir entre serie y serie.

Lo importante es no dejar correr demasiados meses entre que los participantes y sus invitados escuchan con claridad el plan de salvación.

17. EL CAMBIO ES BUENO Y NECESARIO

Las rutinas ayudan a automatizar comportamientos y a ubicar tu trabajo y las expectativas de un grupo, pero también, pueden aburrir.

Lo que aburre suele hacerlo por ser previsible.

Si tienes tiempo como líder de célula y llevas implementando el mismo método todo este tiempo, es momento de ponerle un poco de salsa a tu rutina y hacer cambios.

¿Pregúntales a los participantes qué pueden hacer distinto? Puedes sorprenderte con las ideas.

Y no necesitas probar todas las ideas de una vez.

Mantén el enfoque en Jesús y los objetivos y allí encontrarás la fuerza y la creatividad para cambiar.

18. LA UBICACIÓN SI IMPORTA

El «dónde» ocurre tu grupo pequeño o célula no es un detalle sin importancia y de hecho es uno de los principales factores que rompe o facilita el éxito a largo plazo de tu grupo.

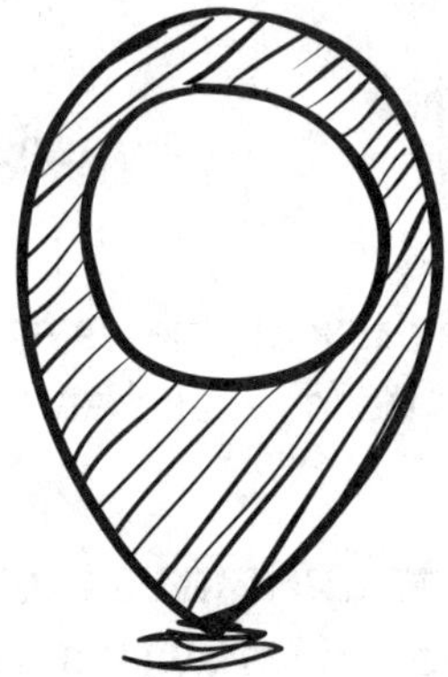

Hay lugares y espacios que pueden funcionar muy bien para eventos esporádicos o especiales pero que no son los más convenientes para las reuniones semanales. La accesibilidad del lugar repercutirá muchísimo en que todos puedan participar continuamente.

Si tienes varios participantes que vienen desde lejos, considera cambiar de lugar porque su entusiasmo durará hasta que su traslado se haga imposible o continuamente estén llegando tarde ya sea a la célula o luego a sus casas.

Considera no solamente la accesibilidad sino la seguridad del lugar. Sé cortés al expresarlo para no ofender a nadie, pero la decisión de a dónde ocurre tu célula es una de las más estratégicas y no se puede tomar a la ligera.

19. TRES COSAS QUE TU GRUPO PEQUEÑO DEBE OFRECER

Entre los objetivos de tu célula deben estar estos tres parámetros muy claros para todos:

Comunión: Una célula existe para experimentar la comunión del cuerpo de Cristo. Los lazos cercanos de amistad cristiana fortalecen nuestras posibilidades de madurar en sanidad y santidad. Congregarse no es sinónimo de asistir a una reunión dónde todos escuchamos lo mismo, sino que debemos llevarlo a un genuino compartir que genere pertenencia.

Estudio Bíblico: Escuchar un sermón bíblico una o dos horas semanales no es suficiente para la maduración ideal de nadie. Debemos ir más profundo y los grupos pequeños o células brindan la oportunidad de indagar en la palabra de Dios y estudiar de manera ordenada.

Mentoreo espiritual: Todos necesitamos ser pastoreados de cerca y el grupo pequeño genera esa posibilidad que el culto grande no puede lograr. La relación cercana con un líder o mentor multiplica las posibilidades de esa persona de mantenerse a cuentas, evacuar dudas y ser participe activo y no tan solo un número que llena una silla en un templo.

20. FIN DE TEMPORADA

El libro de Eclesiastés en su capítulo 3 deja en claro que cada cosa tiene su tiempo y el principio es aplicable a las reuniones del año. No es un pecado tomarse vacaciones y, de hecho, es lo más sano hacerlo.

Si en tu congregación tienen la costumbre de nunca parar las reuniones en el año, es tiempo de abandonar esa costumbre.

Así como a las semanas de que los estudiantes dejan la escuela ya quieren que pronto vuelvan a comenzar las clases.... La energía se renueva cuando sabemos parar-descansar y luego re anudar el programa con fuerzas renovadas. ¿Será por eso por lo que Dios mismo descansó al séptimo día?

Respeta los tiempos de vacaciones en tu ciudad. Sea en verano o en invierno, haz despedidas y nuevos comienzos. Comienza con mucha fuerza y agradece al terminar.

Incluso los principales canales de TV han aprendido a crear temporadas y ciclos con sus principales series y el principio es aplicable al programa de la iglesia.

21 USA MATERIALES Y SERIES

Algunas iglesias usan las células o los grupos pequeños para comentar acerca del sermón y aunque esta práctica tiene sus beneficios, también tiene una fuerte debilidad y es que no sigue una secuencia lógica de estudio y así las conversaciones corren el peligro de ser repetitivas o superficiales.

Por esa razón, no reinventes la pólvora. Ya existen materiales de estudio que puedes usar con tu célula. Busca en la web y adquiere materiales que te ayuden a presentar un tema, un libro de la Biblia o quizás toda la Biblia completa como la serie de lecciones de toda la Biblia en un año de e625.

Adapta esos materiales a tu público porque nadie conoce mejor a tus participantes que tú, pero sé dócil en seguir una secuencia lógica de estudio y los miembros de tu grupo sacarán mucho más fruto del aprendizaje.

IDEAS
para cuidar tu liderazgo

22. ¡TÚ LO PUEDES HACER!

No necesitas un doctorado en teología para ser el líder que los miembros de tu grupo necesitan, ni necesitas tener la mejor personalidad para ser un gran líder de célula. Lo que necesitas es tener una pasión por enseñar la palabra de Dios, amar a los miembros de tu grupo, tener un corazón humilde y aprender algunas técnicas conversacionales para facilitar la interacción.

Pide a Dios sabiduría. Capacítate como lo estás haciendo con este libro. Consigue buenos materiales de enseñanza y prepara tus lecciones antes de llegar a la reunión. Sé dócil con las interrupciones y los cambios de planes a la vez que aprende a navegarlas hacia dónde quieres que llegue tu grupo.

23. EXAMINA TU CORAZÓN

El verdadero liderazgo siempre fluye más poderosamente de quienes somos que de qué es lo que

hacemos. Si tienes las habilidades para liderar, pero no tienes el carácter y la integridad mejor sé honesto contigo mismo y tus líderes y pide ayuda. Si ese es tu caso, no es necesario que te descartes y menos que menos que lo tapes, habla de esto con tus pastores y pide que asignen otros líderes que compensen tus debilidades y te ayuden.

Todos cometemos errores y una tentación la tiene cualquiera, pero si notas un comportamiento crónico o tienes hábitos ocultos que lastimarían a tus jóvenes si fueran descubiertos, evítales el dolor a ellos y evítatelo tú. Como dice nuestro fundador, hay mucha gente dominada por pecados secretos justamente porque son... secretos...

Pide ayuda cuanto antes.

24. NECESITAS PARES

Liderar un grupo pequeño es una experiencia espiritual, social y emocional hermosa porque te sientes útil y creas un ámbito donde puedes compartir tus propias luchas, temores y victorias. Sin embargo, en particular si tu célula es de personas menores en edad que tú, la célula no puede ser tu única fuente de guía y comunión.

Busca un consejero espiritual, puede ser tu pastor o pastor generacional o de jóvenes, un adulto de la iglesia o alguien en quien tengas la certeza que tiene madurez y sabiduría espiritual. Ser líderes no significa que sabemos todo y que no tenemos preguntas y luchas nosotros también.

Somos humanos y todos pasamos por situaciones difíciles. Pídele a esa persona que te respalde en oración y que te confronte si ve que hay algo en tu vida que no anda bien. A tu grupo le puedes hacer una propuesta similar si son tus pares, pero si son menores de edad debes asegurarte de que tienen la madurez de entender y acompañarte.

25. EL REGALO DE LA LONGEVIDAD

Las nuevas generaciones viven hoy en un ambiente de relaciones inconsistentes y pasajeras, muchas veces solamente rodeados de adultos que están con ellos porque reciben un salario y no porque quieren. Cuando a esto le sumamos el divorcio de tantos padres se hace todavía más evidente que necesitan líderes y mentores que permanezcan a sus lados en el largo plazo y no solamente en el corto.

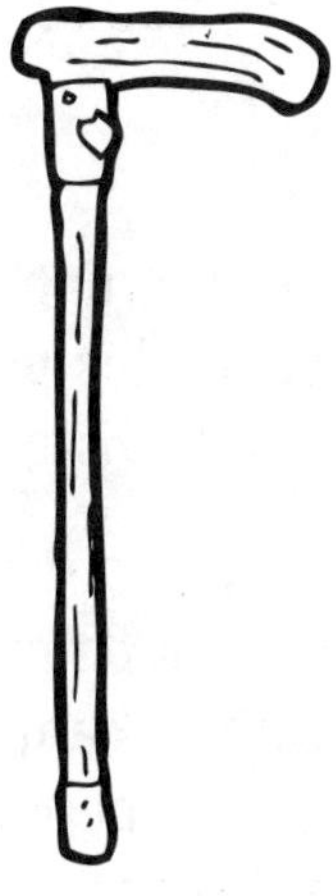

Cuando el liderazgo rota continuamente decrecen las posibilidades de ganarse la confianza necesaria para liderar y se aminora la velocidad con la que se logran pasos de fe y obediencia transcendentales en los liderados

Si estás a cargo del programa de células de una iglesia, establece compromisos de al menos tres años. Los compromisos con final abierto suelen crear conflictos innecesarios cuando hay transiciones y los de corto plazo no duran lo suficiente como para que los líderes y sus liderados creen los lazos necesarios que abren la puerta a una influencia duradera.

26. NAVEGA CONFLICTOS CON SABIDURÍA

En tu grupo habrá conflictos. Grábatelo y prepárate para ellos porque en todo grupo humano surgen puntos de vista diferentes, y todos tenemos malos días.

Cuando eso suceda, aprende a sonreír y mantenerte parcial de cualquier discusión. En esta situación, tú estás a cargo y tu actitud sienta el precedente de lo que se permitirá y no se permitirá en cuanto a las actitudes de los demás.

Si una conversación va subiendo de tono, no esperes a que explote. Córtala antes recordando el objetivo de por qué están juntos.

IDEAS

para crear comunicación y compañerismo

27. APP DE MENSAJES

Un grupo pequeño permite mayor interacción y una manera práctica de mantener una comunicación constante es creando un grupo de chat con alguna aplicación para mensajes gratuitos. Por esta vía pueden estar todos relacionados y allí mismo puedan dar sus pedidos y testimonios de oraciones reportando peticiones respondidas que se hayan hecho en el grupo y así estimular a todos.

Crea un ritmo sano de comunicación sin avasallar. Esto ayudará a que las personas se animen a compartir sus peticiones y sobre todo aumenten su fe, así como a crear un sentido de pertenencia.

28. A JUGAR SE HA DICHO.

No tengas temor de comenzar con juegos y rompe hielos. Úsalos con inteligencia para facilitar un ambiente distendido, que alguien nuevo se sienta integrado y que todos se conozcan mejor.

Controla el tiempo para que no te consuma la reunión, aunque una buena opción es que el juego esté integrado a la lección o el tema de la noche.

29. HOMBRES Y MUJERES

Si tu grupo pequeño o célula es mixta, alterna algunas actividades específicas para varones y mujeres. Puedes separarlos durante la clase en cuartos distintos a discutir un tema desde su perspectiva. Puedes hacer algún juego o competencia que los divida o también puedes hacer una salida especial de varones y otra de mujeres.

Si tu grupo es de un solo sexo, crea alguna actividad compartida con otra célula, pero del sexo opuesto. Estas actividades despertarán entusiasmo e interés y te ayudará a recambiar el aire de cualquier rutina.

Si tu grupo es de jóvenes en edad universitaria recuerda que favorecer amistades con el sexo opuesto en esta etapa es también estratégico para que consigan a su pareja dentro de la iglesia.

30. PASTOREA CON TU TELÉFONO

Habla con los miembros de tu grupo de manera inesperada. Llámalos para saber cómo están o averiguar cómo sigue aquel pedido de oración.

Llama a los que faltaron para averiguar por qué no pudieron estar y si te parece demasiada presión, hazlo a la segunda falta, pero hazlo.

31. NO DECIDAS TODO A SOLAS

Quien planea a solas termina trabajando a solas y peor... disfrutando a solas.

Asegúrate que todo tu grupo participa y es protagonista de la planificación de actividades especiales e involúcralos en la enseñanza y la preparación de temas, actuaciones o canciones especiales.

En ocasiones, será bueno que los sorprendas también, pero un grupo pequeño o célula no es igual a un grupo grande en que puedes prepararles un programa solamente para que ellos observen, escuchen o participen cantando. Aquí ellos necesitan ser protagonistas y no tan solo participantes así que involúcralos planeando cuando vayan a hacer algo que es fuera del programa normal.

32. CITAS DE A TRES

Invita a dos miembros de tu grupo a tomar un café o un refresco para que puedan conversar de a tres. Las citas de a uno pueden ser demasiado personales

o intimidantes según la edad y te limitan a tenerlas solo con alguien de tu mismo sexo: pero si invitas a dos personas, tienes la oportunidad de que sean suficientemente intimas, pero a la vez ser una cita grupal.

La experiencia será positiva para conocer a cada uno y también para que esas dos personas se puedan conocer también. Sé estratégico al escoger a ambos y no necesariamente vayas con las amistades obvias.

33. LLAMADO GRUPAL

Al terminar la reunión llama a alguno de los participantes que no pudo venir para hacerlos sentir extrañados y hazlo con el sonido del teléfono para que todos lo puedan escuchar y todos puedan saludarle.

Este tipo de llamados pueden llevarte una larga distancia en lograr que los participantes se sientan importantes y no quieran faltar.

34. NO CANCELES REUNIONES POR ASISTENCIA

A todo grupo le llega una fecha con poca asistencia, pero nunca suspendas una reunión, aunque solo llegue uno. Esa persona es lo suficientemente importante como para que obtenga lo que vino a buscar.

Siempre dales la prioridad a los que están y todos recibirán el mensaje de que vale la pena estar. Aun si te frustra que muchos no hayan llegado no culpes a los que vinieron por los que no vinieron y menos que menos les «prediques» lo que quisieras que los otros escuchen....

IDEAS

para edificar la iglesia desde tu grupo

35. COMENTA EL SERMÓN DE LA SEMANA

Aunque sigas un material o guía de estudio, darle seguimiento a la predica del grupo de jóvenes o de la reunión general puede ser un gran recurso para reforzar lo aprendido y apoyar a tus pastores.

Seguir una guía o material para grupos pequeños es más intencional y organizado para el aprendizaje porque los mensajes de fines de semanas no suelen tener un sistema de aprendizaje sino ser aleatorios, pero también se puede preparar una guía de preguntas para compartir en grupos durante la semana.

Esto les puede ayudar a estar alineados espiritualmente con la visión de la iglesia y el grupo de jóvenes. Lo que no se debe hacer es una réplica de lo que sucedió en el grupo de jóvenes o en la reunión principal sino usarlo como base para provocar a la conversación y crear una atmosfera de aprendizaje y profundización con preguntas y respuestas.

36. SIRVAN JUNTOS EN ALGÚN MINISTERIO

Si la iglesia está experimentando una necesidad especifica en algún ministerio o en la preparación de algún evento, tu grupo pequeño o celular puede levantar la mano del voluntariado. Hacer algo como equipo fuera de las reuniones grupales, ampliará la posibilidad de fortalecer las amistades a la vez que se da una mano al resto de la congregación y el grupo pequeño se siente también parte activa del grupo más grande.

37. FORTALECE LAS ACTIVIDADES ESPECIALES

Cuando tu congregación hace esfuerzos especiales asegúrate que tu grupo pequeño sea protagonista y colabore.

Coordínate con los miembros de tu célula y asistan a esos eventos juntos. Si la iglesia tiene un retiro para jóvenes, anima a tu grupo a ser parte y organízate con ellos para recaudar fondos (si lo requieren). Esto es de beneficio para ellos, para la iglesia y para que las relaciones entre los asistentes se refuercen.

Si hay un evento especial de otro ministerio de la iglesia como los hombres o las mujeres o incluso los niños, suma a tu célula al menos como apoyo logístico. Quienes sirven juntos tienen muchas más posibilidades de permanecer conectados que quienes solo asisten juntos a una reunión.

38. OREN POR NECESIDADES DE LA IGLESIA

Durante el tiempo de oración en tu grupo, toma el tiempo de incluir a la iglesia.

Oren juntos por los pastores y el liderazgo, los diferentes ministerios y las actividades especiales. Pregunta a otros líderes de tu iglesia que necesidades tienen e inclúyelas en la oración. Una vez que tengas testimonio por parte de la iglesia u otros líderes acerca de las peticiones, compártelas con tu grupo.

39. ABRAZA TU POSICIÓN

Quienes somos líderes de un grupo pequeño o célula somos parte muy importante del liderazgo de la iglesia y debemos abrazar esa posición con fidelidad.

Como líderes, somos influencia dentro y fuera del templo y en general, de la manera en que tú te relaciones con tu iglesia incidirá en como los miembros de tu grupo pequeño se sentirán relacionados con la iglesia. Si te sientes desconectado o desintegrado de la iglesia ellos se sentirán de la misma manera y por eso es tan importante abrazar el rol de que tú eres un instrumento de conexión e integración entre tu grupo pequeño y la iglesia.

Piensa en cómo puedes ser un mejor puente para que los miembros de tu grupo estén entusiasmados de ser parte de la iglesia.

40. VAMOS TODOS JUNTOS

Consigue una van, colectivo o un mini bus y pasa a buscar a todos los miembros de tu grupo de sorpresa antes de la reunión.

Si los miembros de tu grupo son demasiado jóvenes o incluso niños, arregla con los padres previamente para que los tengan listos a la hora señalada y ve de casa en casa levantado a todos los que puedas llevar juntos a la reunión o la clase.

Si tu iglesia es grande puedes organizar varias vanes o conseguir algún bus o buses gigantes. Arma bien los trayectos para que todo pueda funcionar según los horarios asignados.

Quizás tienes hermanos de la iglesia que tengan algún servicio de transporte que se sumen a la diversión y los puedas usar y si en el camino a la iglesia paras en una heladería, nadie se va a ofender...

IDEAS

para grupos pequeños de niños

41. APROVECHA LAS REUNIONES DE SEMANA

Muchos niños acompañan a sus padres a alguna reunión entre semana, pero en varias congregaciones no hay actividades para ellos en esos días como las del fin de semana, o si las hay es solo para entretenerlos mientras los padres asisten a su reunión.

Aprovecha estos momentos y crea actividades con los niños que sean distintas a los del fin de semana pero que tengan también un foco de aprendizaje.

Una opción es seguir la misma secuencia de reunión de los adultos. Si la reunión de la semana es de oración, que la de niños sea también de oración y si la reunión es de estudio, que también sea de estudio e incluso si se sigue una serie, los niños pueden seguir la misma serie. Claro que no va a ser una "mini reunión de adultos" y hay que cambiar la pedagogía y por eso la metodología de grupos pequeños es ideal, pero hay que aprovechar el tiempo con los niños y usar estas reuniones semanales con astucia.

42. EN LAS BUENAS Y EN LAS MALAS

No seas de aquellos maestros de niños que solo se contactan con los padres de ellos para comunicarles de algún comportamiento negativo de sus hijos.

Si tienes una clase o grupo pequeño de niños a tu cargo, no solamente estás liderando a esos niños, sino que también estás sirviendo a esos padres.

Anima a esos padres y reporta el crecimiento de sus hijos y afirma a esos niños con palabras positivas delante de sus padres. Cuéntales cualquier nuevo despertar en sus hijos, que están creciendo en su comunión con Dios y subraya todos los progresos emocionales y espirituales que hayas notado últimamente.

Que los padres confíen en ti y te perciban como su aliado y que esos niños te perciban como su cómplice que les hace quedar bien con sus padres, te ayudará a llegar mucho más lejos en que tu grupo pequeño sea un éxito.

43. ROTA ESPACIOS

Trabajar con niños es diferente a pedirle a un joven que se reúna en casa de algún líder y por esa razón en muchas circunstancias el lugar más viable para los niños es el lugar de reuniones de la iglesia. De todas maneras, no descartes el potencial de reunirte en las casas de algunos de ellos ya que seguramente notarás que muchos se entusiasmarán muchísimo de que la reunión un día llegue a sus casas. Piensa en los padres y el transporte que deben hacer y escoge momento dónde los padres necesiten un par de horas libres como los ´sábados a la mañana o los domingos por la tarde donde tener a sus hijos ocupados incluso les puede venir muy bien.

44. NOCHE DE VALIENTES

La experiencia de dormir afuera de sus casas puede atraer y aterrar a los niños por igual y puede ser muy divertido e inolvidable al menos hacerlo con la ayuda de sus amigos. Una noche en su sala de clases o en la casa de alguien de la

congregación que tenga el espacio suficiente para que los niños puedan hacer su "pijama partí" tiene el potencial de ser una experiencia que marque sus memorias.

Pasar una noche fuera de la casa puede ser un verdadero desafío para algunos niños y también lo es para algunos padres, pero esta es una experiencia que tarde o temprano va a llegar y es una buena idea que llegue en el ámbito de la fe y con amigos que esperamos que sean para toda la vida.

Prepara bien a los padres para que todos los niños tengan la ropa adecuada, bolsas de dormir, frazadas o almohadas y luego planifica bien el programa: Quedarse hasta tarde es parte de la diversión y puedes agregar algunas películas para mantenerlos despiertos. Prepara una buena historia con enseñanza y déjales conversar con libertad porque el verdadero programa es que se hagan amigos, estrechen lazos personales y den un pequeñito paso hacia la madurez.

45. NO SOLO INFORMES

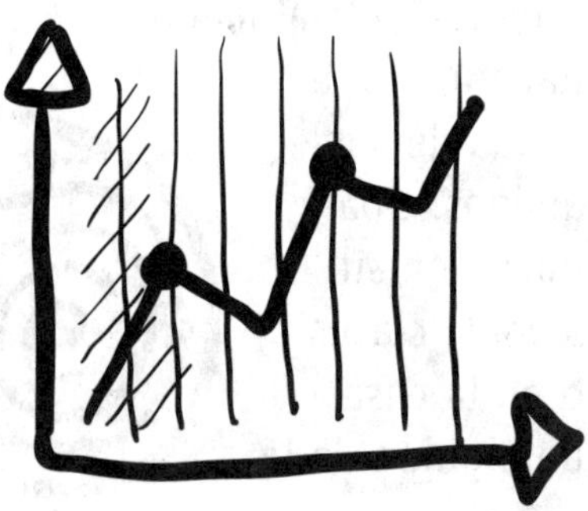

Una clase bíblica no debe ser un noticiero bíblico.

Los mejores maestros están siempre comprometidos a ayudar a los niños a vivir las

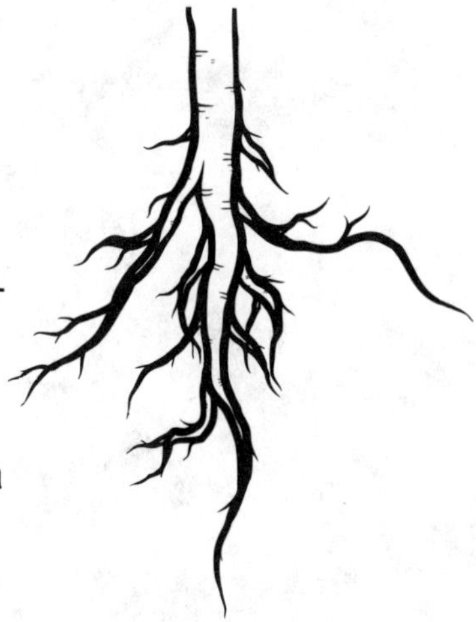

enseñanzas que reciben en cada clase y no solamente a tener la información correcta de quién hizo qué en la Biblia o cómo se llamaban los personajes de las historias.

Queremos que los niños sean activos en la palabra y no solo personas que la escuchan y por eso la tarea no es solo recopilar una lista de factores bíblicos en sus cabezas, sino de verlos convertidos en cristianos activos por que apliquen cada verdad de la palabra de Dios.

Desafía a los niños cada semana a vivir bajo los principios de la palabra de Dios, y dales una pauta muy concreta de cómo hacerlo. El reto entonces se trata de que los niños no solamente aprendan nombres, lugares e histo¬rias, sino que entiendan el por qué cada personaje vivió lo que vivió y qué significa eso para ellos hoy y cómo lo pueden practicar inmediatamente después de la clase.

IDEAS

para rompehielos y juegos rápidos

46. QUIÉN PIENSA DIFERENTE

Forma grupos de al menos tres personas y explícales que tú vas a hacer preguntas o vas a dar instrucciones que ellos deben responder al mismo tiempo cuando tú des la señal. La instrucción puede ser: «Menciona un instrumento con cuerdas». Espera 3 segundos para que lo piensen bien y después dales la señal, que puede ser simplemente un AHORA y que todos digan su respuesta.

Es importante que todos los integrantes del grupo den su respuesta al mismo tiempo, aunque seguro tendrás alguno que intentará adelantarse.

Esta dinámica sirve para resaltar que muchas veces pensamos igual y que otras no. El ejercicio es muy simple y notarás que es un buen rompe hielo para crear afinidad y destacar que podemos ser amigos, aunque tenemos preferencias diferentes.

47. ¿QUIÉN ERES?

Todos se ponen en parejas y asignas 3 minutos para responder 3 preguntas. Por ejemplo ¿En qué ciudad te gustaría vivir? ¿Cuáles son tus hobbies? ¿Cuál es tu comida favorita? Que cada uno se cuente sus cosas. Después de los 3 minutos se cambian las parejas y cambias a otras preguntas por ejemplo ¿Qué versículo de la Biblia te gusta más? ¿Qué es lo primero que harías si fueras presidente? ¿Tienes mascota? Luego hazlo una tercera vez y te asegurarás de que todos se conocen un poquito más y que rompiste el hielo para entrar en confianza en el tema de la reunión.

48. LA HOJA DE LA AFIRMACIÓN

Consigue hojas y algo para escribir para cada participante. El objetivo de esta dinámica es renovar la forma en la que los participantes se ven a si mismos y darles la oportunidad de afirmarse los unos a los otros.

Para comenzar que cada participante escriba su nombre y la pase su hoja a la persona del costado; la persona del costado recibe el papel y escribe una cualidad o virtud o algo que le guste del nombre que ve escrito en la hoja. Al finalizar la dinámica, todos tendrán una hoja con muchas cualidades que puede ser no sabía que tenían, y eso hará que mejor su manera de verse a si mismos y se sienta apreciado por el grupo.

49 ¿QUIÉN SOY?

Escribe nombres en etiquetas con personajes conocidos de la Biblia y cuando los participantes estén llegando coloca una etiqueta en la espalda de cada uno sin que ellos puedan ver que dicen. Haz que convivan y traten de averiguar lo que dicen sus etiquetas.

Ellos pueden preguntar y los demás responder, pero claro que al responder preguntas no se pueden decir el nombre en la etiqueta unos a otros. Lo que sí pueden hacer para adivinar es hacer preguntas que sean relacionadas con el personaje, por ejemplo, ¿Soy mujer o hombre?, ¿Soy un discípulo? ¿Maté a un gigante? Etc.

Una vez que sepan su personaje pueden retirarse la etiqueta.

50. CAJA DE HISTORIAS

Prepara una caja y coloca dentro muchos objetos, de todo tipo, por ejemplo: Una pelota, un espejo, un juguete, una botella, un teléfono, una llave, un jabón, un libro, una foto, una cuchara, entre otras cosas que puedas conseguir.

Haces pasar al primer joven y le dices algo como: «Ha llegado la hora de contar una historia de tu vida inspirada en alguno de estos objetos, mete la mano en la caja y saca un objeto y comienza a relatar lo que sucedió.»

Luego, los demás compañeros tendrán que decir si la historia es verídica y en verdad pasó o... ¡la acaba de inventar!

Así puedes ir uno por uno del grupo o tener una lista determinada de elementos y que cuando no empieza le pase la caja el que quiere que haga lo mismo hasta que se terminen los objetos.

51. RELEVOS DE ZAPATOS

Que todos los participantes se quiten un zapato (o ambos según el tiempo que tengas) y los apilen en el medio del grupo. Divide al grupo en cuatro equipos iguales y envía a cada equipo a una esquina distinta del espacio. A tu señal, un solo miembro de cada equipo corre a buscar sus zapatos, ponérselos, atarlos y regresar a su equipo y tocarle la mano a otro miembro para que corra a buscar los suyos. El equipo ganador es aquel que todos sus miembros tengan sus zapatos puestos primero.

Si estás en una casa ten cuidado de no romper nada...

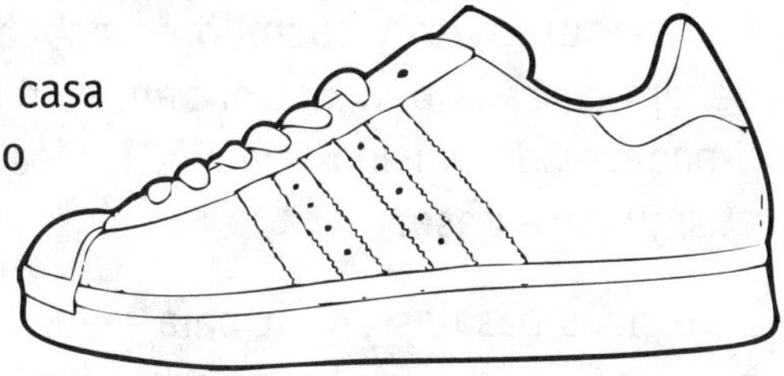

52. RESPUESTAS DULCES

Necesitas una bolsa pequeña de chocolates de colores. Pasa los chocolates al grupo y pídele a cada persona tome un par. Asigna una pregunta o tema a cada color. Por ejemplo:

- **Verde:** Dinos algo que hiciste el día de ayer
- **Azul:** Algo que sepas hacer bastante bien
- **Rojo:** Algo de tu niñez
- **Café:** Algo que aprendiste el último mes

- **Amarillo:** Algo con lo que no puedas vivir
- **Anaranjado:** Algo que te gusta ver o escuchar

Después haz que cada persona comparta algo referente a la pregunta o tema que le tocó. El grupo se divertirá comiendo chocolates y aprendiendo cosas interesantes de los demás.

53. LA CIRUGÍA

Divide al grupo en cuatro y dales a cada equipo una banana, un plato y cuchillo desechable. Cada grupo deberá corta la banana (el banano o plátano) en 4 a 5 pedazos del mismo tamaño. No les digas cuál será el siguiente paso.

Después pásales un kit para realizar la cirugía – picadientes, curitas, cinta adhesiva, etc. La meta es que cada equipo vuela a unir la banana.

La lección con este juego es que algunas cosas como relaciones, reputación y.... bananos... Son fácil te romper o dañar, pero es difícil de volver a unirlas y dejarlas en el estado que estaban.

54. BOCAS SUCIAS

Compra dos tubos de pasta de dientes y algún premio incentivo para un ganador (y en realidad compra dos porque nadie va a ganar). Divide al grupo en dos equipos.

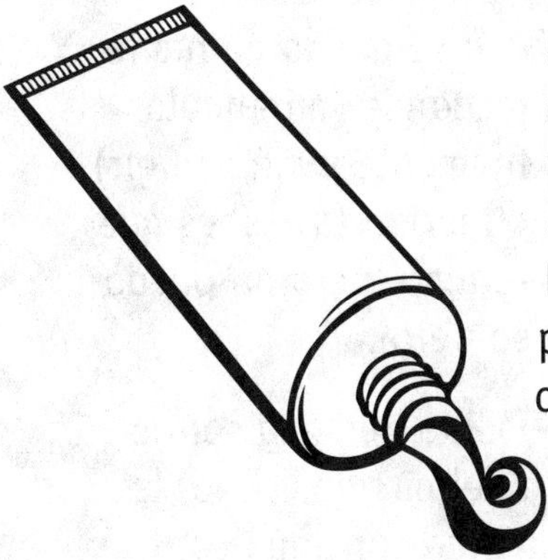

Explica que ambos equipos deben sacar toda la pasta de ambos tubos al mismo tiempo y el que lo hace antes va a ganar la mitad del juego. Luego de que terminen esta parte, ahora la competencia es quien puede volver a poner la pasta adentro.... Déjalos intentarlo unos minutos y luego... a menos que tengas participantes extraterrestres.... de notar que es imposible termina el juego y premia a ambos o premia a los que ganaron la primera mitad.

El juego se relaciona con las palabras que decimos y que a veces sin quererlo, hierren a otros y luego no podemos volver a ponerlas adentro nuestro. Puedes terminar leyendo Santiago 3:2-12 y tendrás una gran lección.

55. SI SONRÍES...

El grupo se sienta en círculo y alguien comienza el juego poniéndose en el centro o parado o con un banquito pequeño. Esta persona selecciona a alguien del circulo (preferentemente del sexo opuesto), se coloca en una rodilla, pone de pie a la persona seleccionada y le dice «Querido(a), si me amas, dame una sonrisa».

La persona que sé que se quedó de pie le responde (mirándolo fijamente y sin sonreír) «Querido (a) sabes que te amo, pero no puedo sonreír».

Si la persona sonríe pierde y se queda en el centro del círculo, si no, la persona que estaba en un principio continúa con otros hasta que haga sonreír a alguien. Después de un par de vueltas puedes dejarles decir lo que quieran para hacer sonreír a los demás. Solo no vale tocarlos.

Este es uno de esos juegos que explicados suena algo tonto, pero si en tu célula o grupo pequeño tienes a buenos amigos y a gente chistosa, de seguro les hará pasar un gran momento.

56. LA TORRE

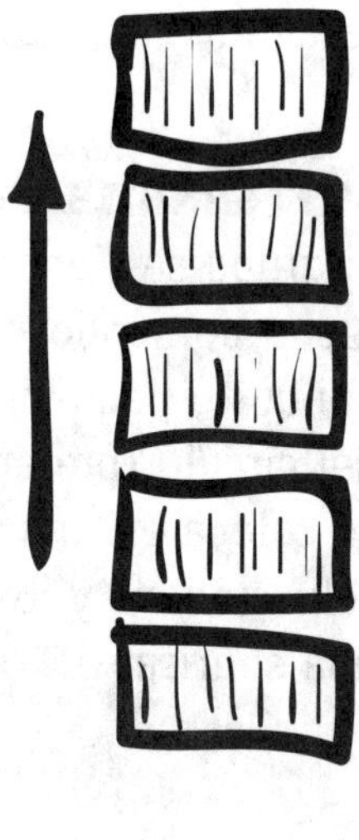

La clave de esta carrera en la que dos equipos compiten con el mismo tiempo asignado por ver cuál de los dos construyen la torre más alta está en que consigas algunos elementos chistosos.

La carrera puede comenzar contigo diciendo: a ver quién hace la torre más alta con: un zapato, una bolsa de fideos, un sombrero, dos libros, una bolsa de arroz y un ladrillo.

Tú puedes inventar los elementos o puedes conseguir muchos del mismo.

57. PÁRATE SI..

Este es un rompehielos fácil de hacer en todo momento. Lo importante es preguntar cosas chistosas.

Explica que si algo de lo que dices les pega, tienen que ponerse de pie.

- *Párate si* hoy fuiste al baño
- *Párate si* tienes ropa interior blanca
- *Párate si* naciste este mes
- *Párate si* alguna vez te hiciste pis encima
- *Párate si*alguna vez te quebraste un hueso
- *Párate si* alguna vez no te bañaste por una semana
- *Párate si* hablas dos o más idiomas

También lo puedes jugar al revés y comenzar todos parados y que se vayan sentando cuando una de las cosas que dices les pega.

58. El asesino

Se sientan todos en círculo y cierran los ojos y mientras explica que vas a tocar a una persona y esa persona será el asesino, pero solo tú y esa persona lo sabrán. Camina en círculo alrededor de todos para que nadie sospeche a quién tocaste.

Cuando el líder da la señal, todos abren sus ojos y miran a los otros a su alrededor. El objetivo del asesino es guiñar su ojo a alguien hasta que mate a todos o alguien lo descubra.

Cuando alguien recibe el guiño debe esperar cinco segundos y morir dramáticamente.

Si alguien cree que sabe quién es el asesino debe decir que sabe quién es y el juego se detiene unos segundos para que diga quién es. Si su identificación es correcta pierde el asesino, pero si no lo es, pierde el acusador y se reanuda el juego, aunque ese acusador ahora está muerto.

Este es un juego fácil de jugar en un lugar pequeño cuando todos están muy cómodos.

59 El MACHETE

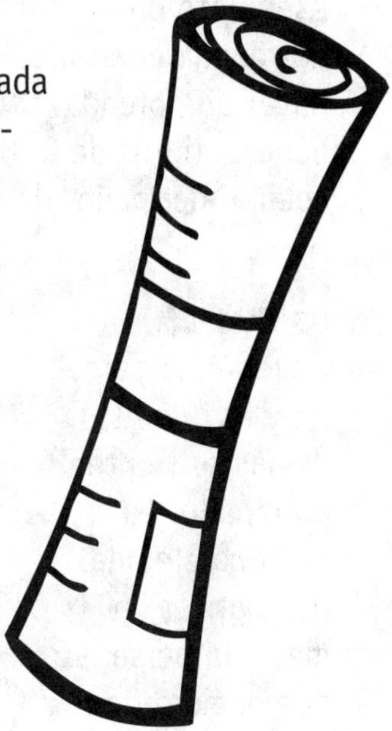

Con todos sentados en círculo, cada uno elige ser un país (ciudad, departamento, provincia o lo que quieras). Pídeles que cada uno diga el país que eligió en voz alta unas cuantas veces para que todos puedan aprenderlos (o intenten acordarse)

Elige a uno de los jugadores para que se pare en el medio de la ronda con un machete en la mano (el machete es un rollo de papel de diario, no muy apretado). Comienza tú el juego nombrando uno de los países que participan, el representante del país que nombraste debe ponerse de pie y nombrar a otro país antes de que el que está en el centro le pegue con el machete en la cabeza o si quieres hacerlo más suave en las piernas. Así sucesivamente hasta que el del centro logre pegarle a alguien antes de que nombre a otro país. Entonces cambian los roles, el que tenía el machete se sienta y al que le pegaron se para en el centro con el machete.

Cuando esto sucede, recomienzas el juego como al principio siendo tú el que nombras algún país; o el que antes estaba en el centro nombra a otro país. Asegúrate que todos participan. Cuando algún jugador queda en el medio más de tres veces, se le puede hacer una prenda. O cambiar los nombres a otro género: libros de la Biblia, nombre de cosas de la cocina, del baño, de un auto...usa tu imaginación.

60. TU MES

Elige a una persona y haz que los demás se sienten en círculo. La persona elegida debe gritar un mes y la personas que nacieron en ese mes deben levantarse y cambiar de asiento.

Se puede llamar al mismo tiempo dos o tres meses. La idea es que la persona robe un lugar, todos deben de cambiar de asiento cuando llame su mes de nacimiento. La persona que quede fuera es la que tiene que continuar con el juego.

Esta dinámica no solo sirve para romper el hielo y comenzar una reunión con fuerza, sino que ayuda a que se conozcan un poquito más.

IDEAS

para prendas, penitencias y castigos

61. El BENEFICIO DEl "CASTIGO"

Muchas actividades y juegos encienden sus motores cuando tenemos una prenda, penitencia o castigo para quien pierde.

A primera vista, el castigo puede parecer algo negativo, pero bien usado puede energizar el ambiente y ser un excelente creador de recuerdos, así como un momento de protagonismo para tus participantes.

El castigo tiene la capacidad de ser inolvidable y un disparador de conversaciones y memorias entre los participantes de tu célula. Manéjalos con inteligencia para que siempre sean experiencias positivas y úsalos como incentivos para facilitar mayor participación y que pongan esfuerzo en lo que hacen.

62. TODO TIENE CONSECUENCIAS

Cuando ya estén todos en el grupo antes de iniciar, entrega hojas en blanco y algo para escribir y explícales que todos deben proponer una penitencia o prenda para el que pierda en los juegos de hoy y que luego vas a sacar las hojas para decidir cuál va a hacer el perdedor.

Que cada uno ponga su nombre en su propuesta y luego colecta todos los papeles y explica que hoy el juego es elegir la peor prenda y que vas a elegir tres...y entonces al azar elige tres papeles y devuélvelos a quién los escribió...y ellos serán los que tienen que hacer el castigo.

Además de ser divertido, la potencial lección es que no es bueno desearles el mal a otros ya que todo tiene consecuencias y eso malo que le deseamos a otros puede volver a nosotros.

63. LA DECLARACIÓN

Si quienes pierden en algún juego son justamente un hombre y una mujer puedes hacer que el hombre tenga que ponerse de rodillas y confesar su amor a la «doncella», que puedes parar arriba de una silla para que parezca que está en un balcón, pero en la declaración si o si se tienen que incluir tres palabras que elija el grupo, que pueden ser: cebolla, gallina y espaguetis, o las que se les ocurran.

Ten lista la marcha nupcial, y puede ser un velo de novia para la chica para que la escena sea más exagerada.

64. LA DISCUSIÓN MATRIMONIAL

Pones a una pareja de espaldas y les haces preguntas cuyas respuestas sean SI y NO y les indicas que cuando vayan a responder que SI tienen que mirar a un lado y cuando dicen NO, mirar al otro.

Si ambos miran al mismo lado al responder—lo cual debe ser al mismo tiempo- deberán darse un beso en la mejilla- pero si ambos miran a lados opuestos- la chica deberá darle una cachetada al muchacho...

65. CAMINA SOBRE RELOJES

Quien pierde un juego debe pasar al frente para ser vendado y luego de ser vendado salir de dónde se encuentran todos para no escuchar lo que va a ocurrir.

Cuando el castigado sale, les explicas a todos que necesitas llaves y monedas para que el castigado camine encima de ellos pensando que son relojes y que todos le deben hacer creer que son relojes cuando camine sobre ellas.

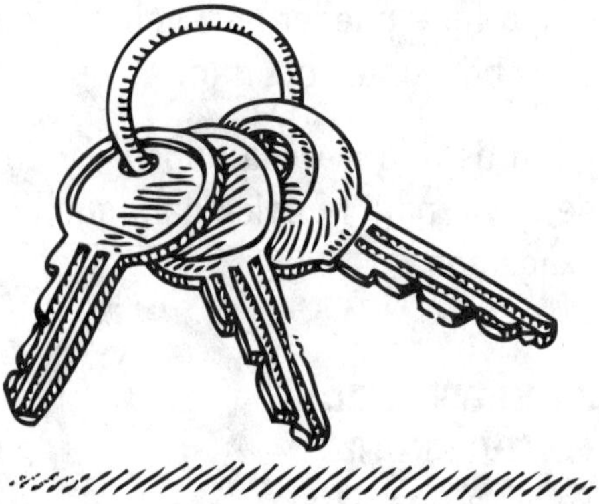

Acomoda las llaves y monedas en una especie de camino central y luego llama al castigado -que haya alguien que va con él o ella= y le explicas que el medio del espacio de reunión está lleno de relojes caros y que debe escuchar las instrucciones para cruzar el salón como quien cruza un rio lleno de trampas para no pisar ningún reloj.

Que el grupo le dé indicaciones de si debe ir para un lado o para el otro, pero para confundirlo y asegúrate que pisa algunas de las llaves y piensa que pisó algún reloj costoso. Si alguno se va quejando de que pisaron su reloj, mejor.

Al terminar el trayecto que se quite la venda y descubra que no fue sobre relojes que caminó. Será muy divertido ver su suspiro de alivio.

66. LA BOMBA DE AGUA

Esta es un buen castigo para hacer en un lugar abierto, un patio, en verano o en un campamento.

Lo primero es inflar un globo con agua que no debe ser ni muy chico ni muy grande para que no explote con seguridad.

Quien pierde un juego debe acostarse y la líder o un ayudante se paran del lado de la cabeza de la persona castigado con el globo en la mano, y el protagonista de la prenda debe detener el globo.

Si lo agarra puede arrojarlo a quien desee (incluso a la líder), aunque lo más probable es que se explote y se moje toda su cara.

67. CANTA

Esta es una dinámica muy fácil de hacer y con resultados memorables.

Le pones audífonos al perdedor de algún juego donde pueda escuchar una canción cono¬cida y el volumen bastante fuerte y le explicas que tiene que cantar sin que los demás escuchemos lo que escucha.

En general, casi todos desafinarán porque no se escu¬chan a si mismos y será muy chistoso para todos.

Una variante es grabar a la persona para que se escuche después.

68. LA MAQUILLADORA

Que alguna miembro del grupo o una líder se convierta en «la maquilladora» y al comenzar algún juego anuncias que quien pierda tendrá que pasar por el trabajo de «la maquilladora» ...

La tarea de la maquilladora es fácil, decorar la cara de quien pierda de manera chistosa y evitar que se vea por un rato y así se quede el resto de la reunión.

Para hacer más divertida la experiencia prepara a la maquilladora de antemano. Puedes tener un sombrero chistoso, una caja vieja y grande de pinturas y maquillaje y hasta puedes tener preparada una música especial en tu celu para cuando la presentas (y si nadie la ve hasta que la presentes mejor).

IDEAS para la consejería

69. EVITA CONSUELOS SIMPLISTAS

Como líderes de un grupo pequeño es muy importante usar palabras sabias cuando alguien está pasando por una crisis. Nuestras palabras tienen mucho poder. Pueden animar y consolar, pero también pueden herir o retrasar el proceso de sanidad de la persona.

En el ámbito cristiano suelen haber algunos consuelos populares que no ayudan demasiado y es mejor evitar:

• **No te preocupes, Dios está en control.** Si bien es cierto que Dios está en control, la persona tiene derecho de preocuparse y de hecho eso ya es lo que siente y no debemos agregar culpa por mencionar que prefiere que el trago amargo pase de ella. Eso no solo no resolverá su situación, sino que le generará más dudas de por qué si Dios está en control, le toca pasar por lo que está pasando.

• **Sé exactamente por lo que estás pasando**. Quizá puedas relacionarte con lo que la persona está pasando, pero cada situación es diferente y única, y esto tampoco consuela a nadie. Quizá haz pasado por la misma situación, pero cada persona maneja sus emociones y sentimientos de manera diferente, así que su reacción al problema o situación va ser diferente a la que tu tuviste. Además, al responderle que sabes por lo que está pasando puede dar la impresión de que estas minimizando su problema y que no tiene mucha importancia.

• **A los que Dios aman, todas las cosas ayudan a bien**. Aunque estas sean palabras extraídas de un versículo bíblico, cuando alguien está enfrentando dolor estas palabras le restan importancia a la situación y a las emociones de quien está compartiendo ese dolor. Claro que desde la perspectiva de Dios todo lo que nos pasa puede convertirse en una oportunidad para crecer y, de hecho, ese versículo siempre debe compartirse con el siguiente que es el que explica por qué todas las cosas pueden ayudarnos a crecer. (Romanos 8:28.29). Pero no son palabras para minimizar el dolor de nadie. Si se muere un ser querido o alguien se enferma o alguien tiene un accidente, tenemos todo el derecho para llorar y expresar dolor porque así nos diseñó Dios. Es lo normal y no podemos agregarle culpa a quien siente dolor porque alguien que ama ya no está o está pasando por una emergencia. – Romanos 8:28 es un versículo para descubrir y analizar cuando estamos bien y no para tapar o minimizar el dolor de nadie.

70. NOMBRA LA EMOCIÓN

Cuando alguien en tu grupo está pasando una situación difícil, no pierdas la oportunidad de pastorear a la persona. Luego de que alguien comparte una emoción fuerte, ponle nombre a la emoción, aunque no la mencionen. Por ejemplo: -Eso debe ser muy triste- aunque no hayan mencionado estar tristes, pero es obvio. O si no identificas la emoción – Eso es muy difícil- ¿cómo te sientes? - O si la dicen, repetirla- Cierto, eso es muy triste - para afirmar tu compresión de lo que la persona siente.

Mostrar empatía y hacer un espejo de emociones hace sentir a la otra persona acompañada y entendida, además de escuchada. No trates de solucionar todo, porque no todo tiene solución ni tampoco es tu tarea.

71. USA ESTUDIOS DE CASOS

Analizar una situación suele ser llamado «estudio de caso» y es una excelente herramienta para que un grupo genere consejos que eventualmente a alguno de ellos les van a servir.

No temas correr el velo de los temas candentes que tanta curiosidad generan en las nuevas generaciones y hazlo con astucia sin sobre simplificar en «está bien o está mal» que suele ser una pregunta infantil. Pornografía y piercings, drogas y alcohol, sexo, trastornos de la alimentación, bullying, otras religiones y sectas, el futuro, y muchos otros temas pueden ser tocados con preguntas de discusión en grupos pequeños para luego compartir principios bíblicos para evaluar las mejores respuestas pero una gran herramienta son los estudios de casos donde en vez de responder el típico está bien o está mal se aborda el tema de una manera más completa pensando en las distintas personas involucradas en una historia.

Un estudio de caso es una escena dónde hay personajes que se encuentran en un dilema y esos personajes deben relacionarse a situaciones normales para tu público. Usa la imaginación para escribir los casos que muchas veces pueden ser historias que ya viviste o de las que conoces, pero con los nombres y la descripción cambiada.

Esquivar los temas candentes es una mala idea porque las nuevas generaciones ya hablan de esas cosas en el colegio, ven de ellas en internet y escuchan ideas no bíblicas en los medios de comunicación masiva.

Siempre es más fácil tratar temas candentes usando una pisca de humor y buenos datos investigativos además de hablar de historias y no de acciones sueltas, pero, sobre todo, asegúrate de empaparte del tema a la luz de la Biblia, y sé cuidadoso de las consecuencias comunitarias de lo que vas a enseñar, aunque hazlo con urgencia antes que sea el mundo quien eduque a los miembros de tu grupo pequeño de esos temas o ya les toque tomar alguna decisión al respecto sin conocer en profundidad el consejo de Dios.

72. LOS DOS CONSEJEROS

Toma un momento en medio de la célula para que cada uno de tus estudiantes identifiquen preferiblemente dentro de la iglesia al menos a 2 adultos (hombres o mujeres) que hayan impactado de alguna forma sus vidas. Luego, pídele a alguno de ellos que cuenten la razón por la cual esas personas son especiales para ellos y dialoguen sobre la importancia de a su edad, convertirse en una influencia positiva para los más pequeños que los rodean.

Si algunos muchachos no han logrado identificar a estos adultos a quienes admirar, desafíalos en el correr de las próximas semanas a «echarle el ojo» a esas personas que serán tesoros a quienes puedan recurrir eventualmente.

Habla de esto con tus pastores para que tu iglesia sea más intencional en involucrar a los adultos como mentores de las nuevas generaciones.

Que las nuevas generaciones sepan con claridad a quién recurrir a la hora de pedir consejo y que cuenten con referentes maduros en Cristo en fundamental para ayudarles a tomar mejores decisiones.

73. DEVUELVE PREGUNTAS

En muchísimas ocasiones, los mejores consejeros no son quienes dan las soluciones masticadas a sus aconsejados sino quienes les ayudan a ellos a descubrir las repuestas a sus propias preguntas.

Luego de que alguien te hace una pregunta, en vez de responder directamente, puedes al mejor estilo de Jesús devolverles la pregunta preguntando ¿Y tú qué crees? Y luego de que te respondan, volver a preguntar- ¿Y qué creen en tu familia- tu papá o tu mamá por ejemplo? De esta manera les harás hablar- hacerse sentir escuchados- pensar y facilitar que descubran el mejor consejo por si solos.

74. CÓMO EVITAR LA TENTACIÓN SEXUAL

Un alto porcentaje de nuestros jóvenes batallan con la tentación sexual, ya sea pornografía, el hábito de la masturbación o incluso relaciones sexuales fuera del plan de Dios. Como lideres debemos tener una actitud de misericordia ya que la mayoría carga con un gran sentido de culpa y miedo al rechazo y si te lo están confesando como pecado es porque quieren ayuda.

Comienza dándoles espacio a contarte cómo se sienten, déjalos que hablen todo lo que sea necesario, pero evita entrar en detalles explícitos porque el objetivo no es una investigación policial ni quieres dejar entrar tentación a tu propia mente. Recuerda, es importante que no manifiestes una reacción de juicio, siempre mantente en paz y con una actitud de compresión. Luego habla con palabras de afirmación, hazle saber lo valiente que fue al abrir su corazón, sigue hablándole del amor, gracia y perdón de Dios y luego que estarás para acompañarlo en el proceso de restauración y sanidad precisando que lo que está mal, está mal.

Por último, traza un plan de acción. ¿Cómo va evitar esa tentación? No se trata solo de pedirle perdón al Señor, necesitamos ser inteligentes y esquivar el pecado.

Por ejemplo, si el problema es la pornografía pregúntale dónde la mira y si su respuesta es que, en su compu en las noches, pídele que ponga su compu en la cocina donde su mamá pueda ver lo que está mirando y se comprometa a no volver a llevar su compu a la cama. O si el problema es sexo en el noviazgo, por más que esté enamorado o enamorada, esa relación debe terminar. Total, si es de Dios y en verdad se aman no necesitan estar de novios y pueden darse un tiempo por separado. El punto del plan de acción es que evite la tentación hasta que logren tener control y que el arrepentimiento no solo sea un sentimiento.

Ahora es el momento de juntos pedirle perdón al Señor

75. ESCUCHA EL SILENCIO

Pastorear a un grupo pequeño requiere prestar atención a todas las situaciones y actitudes que suceden cuando están juntos y no solo a lo que los participantes expresan con palabras.

Observa el silencio de aquellos que no hablan (pueden estar gritando desesperadamente por ayuda), observa a aquellos que se sientan siempre juntos y los que pasan toda una clase cruzados de piernas o de brazos.

Busca relacionarte rápidamente con aquellos que son más callados. Toma el tiempo para hablar en privado y escuchar porque situaciones están pasando. Muchas veces este tipo de personas no te van a decir lo que están pasando, hasta que tú les preguntes y vean que les interesas como persona.

76. CITAS DE CONSEJERÍA

Los momentos oportunos para conversaciones importantes hay que crearlos. No hay que esperarlos, sino que hay que provocarlos en la situación justa. Toda iglesia debería tener una sala de consejería donde la gente se pudiera sentar cómoda para hablar, pero si no la tienes elige un aula o una oficina o cita a los miembros de tu grupo para conversar en privado antes o después de la reunión de célula.

No temas hacer citas de consejería para poder prepararte mejor para cada conversación. Algún café o sitio de hamburguesas es otra posibilidad, pero no son el mejor escenario para hablar cosas más íntimas dónde puede ser que tu joven tenga que contar algo muy emotivo que lo haga llorar.

El hacer citas de consejería también crea la mejor oportunidad para hablar de actitudes o acciones equivocadas que no es bueno corregir en público en el momento que las hacen.

Demasiado seguido la corrección viene en el preciso momento en que se comete un error y la circunstancia hace que solo perciban un regaño sin comprender una lección así que crear el lugar y el momento oportuno es también el mejor escenario para ser la mejor clase de consejero o consejera que puedas ser.

77. CONTINÚA LAS CONVERSACIONES

Luego de una sesión personal de consejería con alguien de tu grupo, espera unos días para averiguar cómo ha continuado la persona.

Claro que puedes esperar a la siguiente reunión, pero quizás es ideal que te anticipes, sobre todo si hablaron de algo que tenía su resolución días después de que hablaron.

Volver a preguntarle en la reunión es también apropiado porque lo que no es apropiado es que alguien te cuente algo personal y luego olvides totalmente lo que te confesó.

78. ADUÉÑATE DE ERRORES

Los éxitos suelen tener muchos padres, pero los fracasos ser huérfanos crónicos.

Cuando algo sale mal o dijiste algo incorrecto o tuviste una reacción equivocada, pide perdón. Es lo que debe hacer una persona honesta y humilde y es lo que debemos hacer los lideres honestos y humildes.

Hacerlo no te hará perder la autoridad sino ganarla. Los miembros de tu ministerio aprenderán de tu ejemplo y encontrarán que es no es tan complicado pedir perdón y que es un buen habito para el alma. Al hacerlo ganarás su confianza porque una persona que admite cuando se equivoca se muestra segura y se gana la confianza de las otras personas, sobre todos de quienes lo siguen.

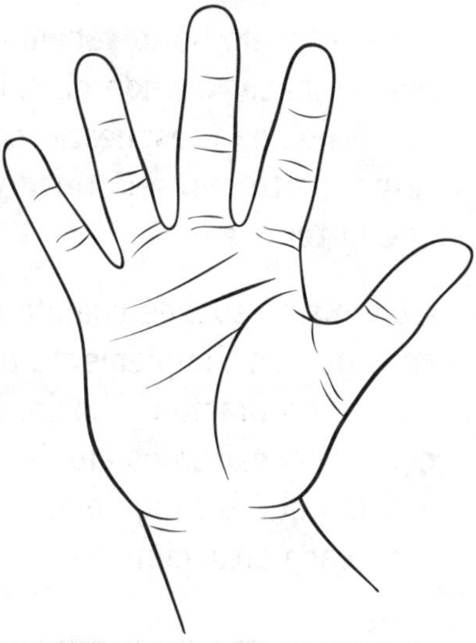

79. EVITA INTIMIDAD INNECESARIA

A la hora de aconsejar a alguien del sexo opuesto, nunca lo hagas en completa soledad. Deja una puerta abierta y aunque no puedan escuchar la conversación que alguien en otra habitación o rincón pueda verlos. Por más confianza que haya entre ambos, no todos conocen el corazón de ambos y no serías la primera persona que no sospecha que alguien se enamora de ti por ser su líder.

Siempre es mejor prevenir que lamentar así que una cuota extra de cuidado es siempre muy recomendable.

80. ANÍMATE A DECIR "NO SÉ"

Cuando los miembros de tu grupo hagan una pregunta y no sepas la respuesta, no dudes admitirlo. Que fuerces una respuesta les dará un mensaje equivocado y si descubren que la inventaste o mentiste, te perderán la confianza y con ella se desdibujará tu autoridad.

Admitir que no lo sabemos todo es sano. Lo que puedes hacer cuando no sabes una repuesta, es decir ahora no se la respuesta, pero prometo buscarla para responderte con seguridad y responder después de que la tengas.

Lo mismo sucede cuando no estás seguro de qué consejo dar. Simplemente di que pensarás en la repuesta en oración y hazlo. Lo que las nuevas generaciones necesitan es alguien que los escuche más que alguien qué les diga que tienen que hacer o saber ante cada situación.

81. ESTABLECE TU DISPONIBILIDAD

Los mejores líderes definen de antemano su disponibilidad para diversas tareas y siempre es una buena idea que lo hagas también con tu grupo pequeño.

Ellos no deben verte ni demasiado ocupado para ellos, ni disponible a toda hora porque eso sería una ilusión que se preste para que descuides tu matrimonio, trabajo o estudios.

Establece horarios y días y no temas explicar tus parámetros. Por ejemplo, decir - pueden llamarme todas las noches de la semana luego de la 5- les deja claro a todos los miembros de tu grupo cuál es la mejor hora para llamarte en caso de necesidad o quizás también puedes establecer que todos los sábados por la mañana estarás disponible en la iglesia para consejería o solamente pasar ratos juntos.

Que conozcan tus parámetros será útil para ellos y sano para ti.

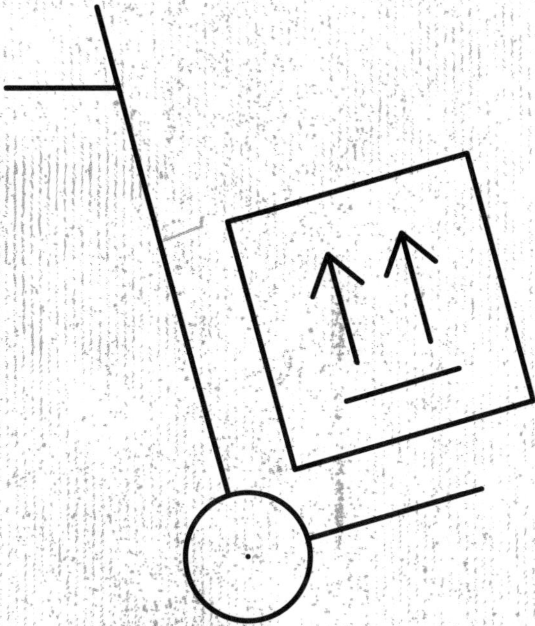

IDEAS

para servir con propósito

82. ARREGLA TECHOS ANTES DE QUE LLUEVA

Si en tu ciudad todos los años suceden casos críticos por temas de lluvia o frio en temporadas específicas, puedes anticiparte y trabajar con tu grupo para estar preparados.

Por ejemplo, si sabes que va a haber gente en la calle luchando con el frio, busquemos o consigamos abrigos. Si sabes que es muy posible que haya inundaciones o deslaves, consigue colchas o comida enlatada para las personas que puedan sufrir daños en sus casas y necesiten ayuda de emergencia.

Un almacén de emergencias puede ser una ayuda fantástica que de un gran testimonio en momentos de crisis y tu grupo pequeño puede ser parte de esa ayuda.

83. NECESIDADES ESPECIALES

Existen lugares o centros de gente con «discapacidad» o «necesidades especiales» en los que tu grupo puede ayudar de manera voluntaria.

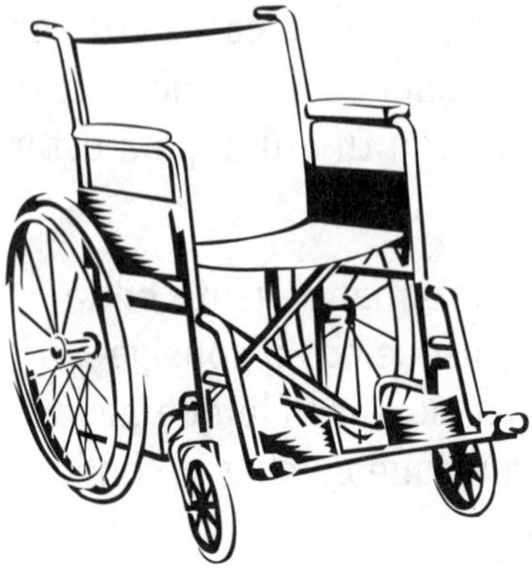

Organiza una salida a alguno de estos lugares para interactuar con gente con estos diagnósticos. Usualmente estas experiencias no solo sirven a la gente con necesidades especiales, sino que ministra al corazón de los miembros del grupo añadiendo agradecimiento de que no les toque pasar por estas situaciones difíciles que a otros les ha tocado enfrentar.

Prepara la experiencia de antemano para que todo fluya de manera organizada y se optimice el aporte de cada uno.

Relaciona esta experiencia a lo que estén estudiando en la célula y al terminarla analiza lo que sintieron y experimentaron.

84. ENSÚCIATE LAS MANOS

No tengas temor de usar una reunión de célula para practicar el amor practico como un ejercicio conjunto. Pintar una casa, lavarle el carro, acomodar el

garaje o cortar el césped de alguna madre soltera, una pareja de abuelos de la iglesia o incluso a los pastores puede ser una gran experiencia conjunta.

Enséñale a tus muchachos a estar pendientes a las necesidades de las personas que los rodean y ofrecerles una mano. De esta forma, también estarán adorando a Jesús y extendiendo sus manos de forma práctica para colaborar con quienes más lo necesitan. Recuérdales que cuando se enfocan en ver las necesidades de quienes los rodean, sus propias necesidades se vuelven más pequeñas.

85. CELEBRA A LOS SERVIDORES PÚBLICOS

Los bomberos voluntarios, los recolectores de basura e incluso la policía tienen trabajos bastante ingratos.

Lo que ellos hacen sirve a la comunidad y aunque seguramente tengan errores o incluso mala fama en algunas ciudades, los cristianos estamos para bendecir y proponer y no para quejarnos sin soluciones.

Apoyemos su tarea por ejemplo visitando la estación de policía muy temprano una mañana con café

y cosas dulces. ¿Te parece loco? A ellos también y eso será parte del impacto. Ora por ellos y dedica un día para agradecerles y celebrarlos sorprendiéndolos en la estación de bomberos si te animas a hacer algo más grande. O al menos, enseña a los miembros de tu grupo a saludarlos y darles gracias cuando se encuentran con ellos en la vía pública.

86. CENAS DE SERVICIO

En la mayoría de nuestras comunidades hay lugares de gente en situaciones de fragilidad como hogares de ancianos y hospitales de niños y organizar una cena y fiesta especial para alegrarles una noche puede ser una excelente oportunidad de servicio para tu grupo que genere un gran impacto.

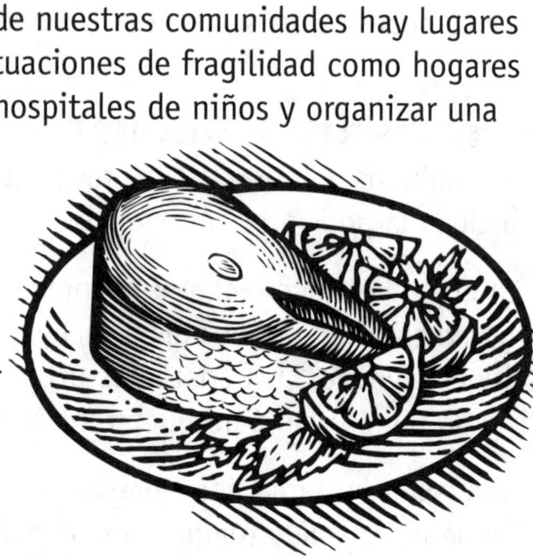

Habla con la institución de antemano para tener en claro los detalles. Elige bien la noche, prepara un programa atractivo que presente a Jesús y esa noche llévales la cena con tu grupo pequeño o si te parece muy audaz y ambicioso, quizás lo puedes organizar con otro grupo pequeño o varios asignándole a cada uno una tarea distinta para que la cena sea un completo éxito.

IDEAS

para crear momentos especiales

87. FOTO DE GALA

Si lideras un grupo pequeño con asistencia bastante establecida, llegó la hora de retratar al grupo en una foto más elaborada y no tan casual.

Establece una fecha para la foto grupal y considera si quieres que se vistan de manera especial para la foto, ya sea de gala o quizás con disfraces. Lo importante es que la foto sea especial y memorable. Eso creará una memoria especial que luego puedes compartir en redes sociales para que enriquezca la identidad de tu grupo.

Organiza de antemano quién va a sacar la foto. No puede ser alguien del grupo porque quieres que todos salgan muy bien.

La foto la puedes hacer durante una reunión o pueden ir todos a un estudio profesional. Si hay un costo pueden dividirlo entre todos o juntar ofrendas durante un tiempo para hacerlo.

Si tienes la posibilidad y consigues un buen servicio, quizás incluso puedes ofrecerle fotos individuales a cada uno aprovechando la circunstancia especial y que están vestidos para la ocasión.

88. El muro de las conquistas

Todos tenemos temores y todos hemos pasado por complejos o se han burlado de nosotros en algún momento. Habla de eso por unos minutos con tu grupo y luego entrega a los a los participantes un papel y algo para escribir para que anoten sus propios temores o su peor complejo en esa hoja.

Luego de escribirlo deben colocarlo en «el muro de los lamentos» que puede ser una de las paredes de la sala dónde se encuentren o puedes construir uno de cartón u otros materiales livianos para la ocasión.

Luego de este ejercicio saca la luz el «Muro de las conquistas» que es otro muro que preparaste con elementos similares, pero que incluyan promesas bíblicas y palabras de afirmación basadas en algún

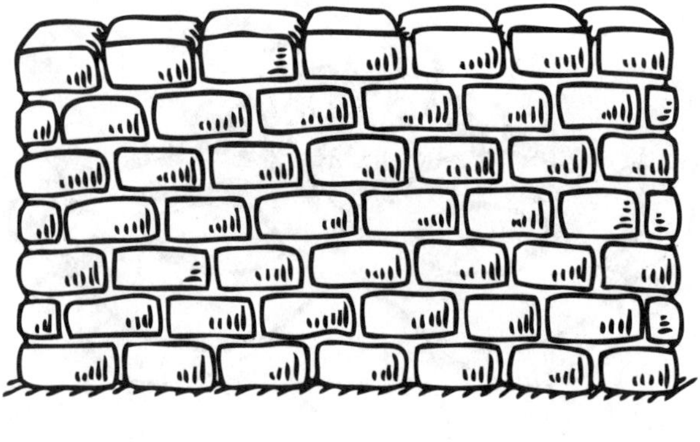

texto bíblico. Filipenses 4:13 – Efesios 2:10 – Deuteronomio 31:8 deben estar allí seguro.

89. CENA SORPRESA

Prepara una cena o una comida sorpresa para tu grupo.

Que lleguen como siempre a la reunión pero que esta vez se encuentren la sala decorada de manera especial y la mesa servida.

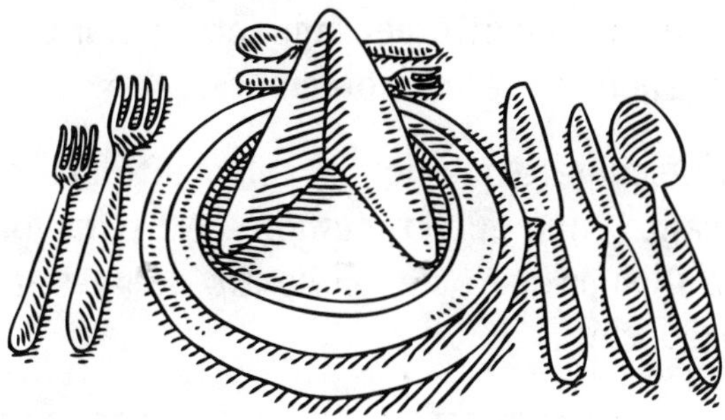

En vez de estar sentados en círculo, esta vez se sentarán alrededor de la mesa y tendrás servidores especiales idealmente vestidos de meseros que serán los anfitriones de la velada.

Prepara todos los detalles en la casa anfitriona y sorprende a tus participantes con algo rico.

Usa el tiempo para conocerse más y luego habla del alimento sólido que tenemos en la palabra del Señor.

90. CÉLULA DE ADORACIÓN

Quizá no sea común que tengas un momento de alabanza y adoración en tu grupo pequeño. Una manera de crear un momento especial con Dios es propiciando una noche de alabanza y adoración y si no tienes a alguien en el grupo que toque la guitarra o el piano, invita a alguien de sorpresa que te pueda ayudar.

Alterna los cantos con textos bíblicos. Asigna al menos uno o dos por cada participante. La idea seria de cantar 2 alabanzas y compartir algún verso de la Biblia o un pensamiento y luego seguir con otras dos canciones y otro pensamiento u orar entre todos y después cerrar con oración.

Asegúrate que no sea solamente una noche de canto, sino que la reunión sirva para volver a poner a Dios primero y en el centro de nuestra atención y devoción.

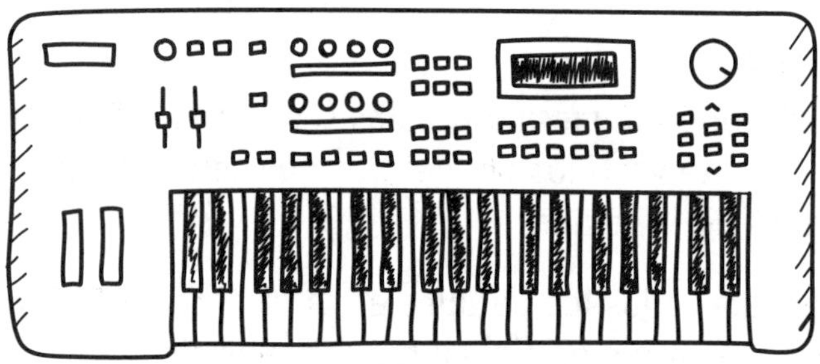

91. NOCHES TEMÁTICAS

Piensa en los distintos temas que vas a tocar en tu célula en las próximas semanas y prepara una ambientación especial para cuando llegue alguno que te parezca especial y fácil de realizar.

Incluso puedes preparar a los participantes para ser parte de la ambientación por ejemplo con «disfraces».

Estas noches de reunión pueden ser en Jericó, en Hawái, la noche de David, la noche del horno de fuego, la noche esquimal y tantas ideas como se te puedan ocurrir.

La ambientación, alguna película relacionada y los disfraces pueden traer a la vida un tiempo de enseñanza inolvidable.

92. APROVECHA LOS CUMPLEAÑOS

Un buen grupo pequeño cultiva un sentido de comunidad y pertenencia y por esa razón, pocas fechas son tan importantes como los cumpleaños.

No dejes que te sorprendan y puedan pasar desapercibidos. Marca todos los cumpleaños de los miembros del grupo en un calendario y en tu agenda. Este no es el ministerio de jóvenes sino una célula y aquí no te puedes dar el lujo de que algo tan importante en la vida de tu grupo te pase desapercibido.

No necesitas hacer una gran fiesta todo el tiempo, pero puedes orar por la persona cumpleañera y bendecirla en la semana de su cumple.

También si tienes a varios cumpliendo años el mismo mes puedes hacer una fiesta especial para ellos festejando a todos juntos, o puedes hacerlo todos los meses en la primera reunión de ese mes. Estableciendo esta costumbre ayudarás a todos a recordar los cumpleaños aún antes de que lleguen.

93. CINE DEBATE

El grupo pequeño genera la oportunidad de la intimidad y el foco. Siendo menos que en un grupo tradicional evitas muchas distracciones y tienes el ambiente propicio para ver una película que

sea apropiada para la edad de tu grupo y la puedes discutir luego.

El punto aquí no es solo ver una película sino descubrir juntos alguna verdad o mentira que la película transmite y ayudar a tus miembros a pensar en esos temas.

Obviamente, asegúrate de ver la película antes. Debes tener un propósito claro en que la vean y saber cómo guiar la conversación para que sea fructífera.

IDEAS

para mejorar estudios y lecciones

94. CARTAS A DIOS

Para terminar una clase en la que hables acerca de una relación cercana con el Señor un buen recurso es repartir una carta de Dios a los participantes con verdades bíblicas fundamentales de lo que Jesús enseñó y la Biblia deja en claro.

Obviamente esta es una creación poética, pero puede ser un gran cierre para meditar en Dios y su amor por nosotros.

La carta puede decir algo así:

¡Hola! ¿Cómo estás?, te escribo esta carta para que podamos tener un rato juntos, quiero decirte que te amo y estoy pendiente de ti a cada momento.

Conozco tus risas y aún aquello que no te deja dormir. A veces te noto lejano, otras veces triste, hay momentos donde estás contento y feliz y yo siempre me entristezco o alegro contigo. Quiero compartir contigo. Quiero que hablemos más seguido, pero a veces estás tan agitado que no te das cuenta. Por eso es por lo que separé este momento, para que estés conmigo y que puedas escucharme.

Yo te amor con amor eterno.
Dios

Deja unos momentos para que mediten en la carta y luego propone dar vuelta la hoja y escribirle del otro lado una carta personal a Dios. Deja unos minutos en silencio y que cada uno escriba su propia carta de respuesta al Señor.

95. BUENOS VECINOS

Luego de una clase acerca del buen samaritano o de recordar la única descripción que Jesús dio acerca del día del juicio: «Porque tuve hambre, y ustedes me dieron de comer; tuve sed, y me dieron de beber; fui forastero, y me dieron alojamiento; necesité ropa, y me vistieron; estuve enfermo, y me atendieron; estuve en la cárcel, y me visitaron.» 37 Y le contestarán los justos: «Señor, ¿cuándo te vimos hambriento y te alimentamos, o sediento y te dimos de beber? ¿Cuándo te vimos como forastero y te dimos alojamiento, o necesitado de ropa y te vestimos? ¿Cuándo te vimos enfermo o en la cárcel y te visitamos?» El Rey les responderá: «Les aseguro que todo lo que hicieron por uno de mis hermanos, aun por el más pequeño, lo hicieron por mí.» (Mateo 25:35-40); es

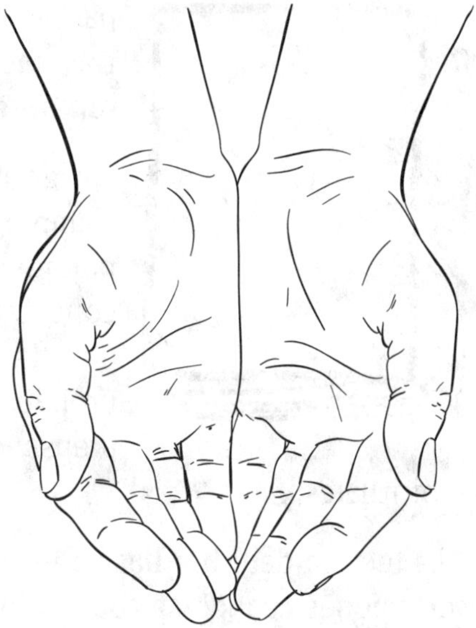

una gran idea salir a darle testimonio a los vecinos.

Si están preparados para llevar algo, mejor. Al menos puede ser un souvenir o un postre o un Nuevo Testamento o libro que pueda entender un no cristiano y le hable de Jesús.

Las maneras de bendecir a los vecinos son muchas comenzando por orar por ellos. Evangelizar no es convencer a alguien de que la Biblia dice la verdad sino compartir la gracia que tenemos en Cristo y por eso orar por las necesidades de las personas es un gran comienzo para prepararlas a escuchar el mensaje que tenemos para compartir.

Que todo el grupo comparta información de la iglesia en algún folleto atractivo y explícales a los vecinos que ustedes se reanuden allí para orar por el barrio y aprender a bendecir a más personas.

96. EL LIBRO

Al preparar una serie o seguir una secuencia de lecciones o material puedes buscar algún buen libro

para leer entre todos mientras hacen la serie o completan la temporada.

Leer un libro en grupo es siempre un gran ejercicio porque les ayuda a estar conectados entre si a la vez de estar conectados con un buen contenido que va a ensanchar sus pulmones espirituales.

La lectura del libro básico va a enriquecer las conversaciones cuando se toquen los temas de las clases y hará que tu clase tenga mucha mayor continuidad en la semana y sus pensamientos cotidianos.

97. LECTURA BÍBLICA GRUPAL

Los libros de la Biblia son en general grandes relatos o cartas y no fueron escritos para leer en pensamientos sueltos.

Con excepción del libro de Proverbios, lo Salmos y los párrafos poéticos no es la mejor idea siempre leer a la Biblia en pedacitos sueltos como si fueran snacks de la palabra de Dios y por eso es bueno usar el tiempo de la célula para hacer una lectura inteligente de la Biblia.

Lee de manera alternada involucrando a todos. Primero una mujer, luego un varón y el tercer versículo todos juntos y así hasta terminar el capítulo. O dramatiza la lectura. O canta o rapea párrafos enteros. ¿Qué tal hacer un video casero con la lectura de la semana?

También es bueno asignar lecturas para la semana y no descartes textos para memorizar para cada lección.

La palabra de Dios es el poderoso vehículo de su mensaje y tu grupo pequeño está incompleto si no ayudas a sus participantes a aprender, memorizar y profundizar en lo que la palabra enseña así que es una buena idea darle cabeza a cómo y cuánto leemos la Biblia cada vez que nos juntamos. ¿Puedes hacerlo más y mejor? Seguro que si.

98. LAS TRES PREGUNTAS

Toda lección que compartamos en un grupo pequeño debe responder las siguientes tres preguntas:

¿Por qué importa? Siempre debemos explicar el por qué es valiosa una enseñanza. En la visión amplia, cuál es el valor de la lección. ¿Es una prioridad para

Dios? ¿Es vital para disfrutar la vida abundante? ¿Es necesario para evitar perder nuestro potencial en el camino? ¿Cuál es tu motivación al compartir la lección? Y sobre todo ¿Cuál debería ser?

¿Qué debo hacer? Explica con claridad lo que deben hacer tus oyentes como resultado de la lección. ¿Creer? ¿Poner su confianza en el señor? Toda buena lección tiene un llamado a la acción y ese llamado debe ser claro.

¿Cómo lo aplico a mi vida? El llamado a la acción tiene que tener una aplicación práctica en la vida de tu grupo teniendo en cuenta su edad y sus circunstancias. ¿Cómo se aplica eso a la escuela secundaria o universidad? ¿Cómo se vería el fruto de esa acción en su familia? Si la repuesta a la segunda pregunta fundamental es «alimentar mi fe», la respuesta a la tercera puede ser hacer media hora de lectura devocional todos los días.

Aunque tu grupo siga una secuencia de lecciones con preguntas pre asignadas, igual siempre es una buena idea responder estas tres preguntas por tu cuenta para adaptar esa lección enlatada a las necesidades específicas de tu grupo.

99. CONECTA LA CULTURA

La Biblia tiene muchas historias, pero no es un libro de historia, sino un libro de principios que tienen que ver con un Dios eterno y nuestra vida cotidiana. Por esta razón, los mejores líderes de células conectan sus lecciones con vivencias de la vida normal de sus oyentes e incluso con intereses y elementos de su cultura actual. Por ejemplo: ¿qué tiene que ver ese texto con el cantante de moda? ¿Qué dice la Biblia en referencia a algo relacionado a esa canción que hoy todos conocen? ¿Qué hubiera experimentado ese super héroe si hubiera conversado con Jesús? ¿Qué tienen de similar la historia de Ese personaje bíblico con la serie que todos están mirando en la TV?

Nosotros debemos hacer esas conexiones para hacer evidente que la Biblia tiene una aplicación actual y necesaria y que no se trata exclusivamente de lo que Dios ya hizo sino de lo que quiere hacer ahora.

Ya el apóstol Pablo hizo esta conexión en Hechos 17:22 al usar el altar al «dios no conocido» que tenían los atenienses. Ese era el lugar más pagano de los paganos y sin embargo Pablo lo usó de marco de referencia para que entendieran su mensaje conectando así la cultura de los griegos con las enseñanzas de Jesús.

100. CONECTA TU HISTORIA

Nuestra relación personal con Jesús, con la Biblia y la conexión entre ambos y nuestras decisiones más importantes como el matrimonio o la vocación tienen un efecto mucho más poderoso del que solemos sospechar.

Un grupo que continuamente te escucha compartir lecciones de la Biblia quiere saber cómo ella se relaciona con tu historia. No solo lo que sabes acerca de ella sino cómo ella te ha impactado.

Es cierto que hay algunas personas que abusan de contar cosas personales y todo lo relacionan a su propia vida y siempre aburre escuchar a alguien hablar todo el tiempo de si mismo, pero este extremo no debe hacernos perder de vista la importancia de conectar lo que enseñamos a nuestras vivencias personales. Tu testimonio con Jesús no puede ser un misterio y cuanto más notable sea tu amor por la palabra más poderoso será tu impacto al compartirla.

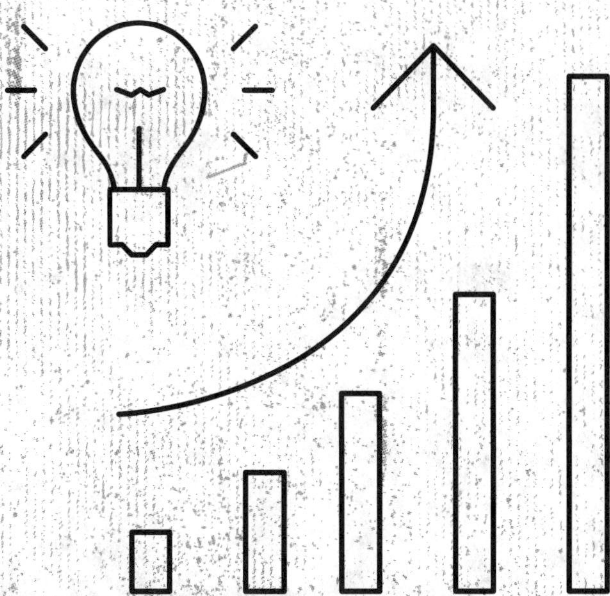

5 trampolines de creatividad

1. DERROCHA GRACIA

2. CUIDA LOS DETALLES

3. MODELA ESFUERZO

4. TRABAJA EN EQUIPO

5. SÉ VALIENTE

✝=♥ derrocha GRACIA

Una de las razones principales de por qué suele faltar creatividad en muchos grupos de personas de todo tipo es porque quienes son parte de ellos no perciben que hay espacio para el error. Es decir, todos tienen temor a equivocarse y que se los regañe o que se burlen de ellos y eso coarta la expresión y la creatividad. El temor es uno de los principales enemigos de la creatividad y el único antídoto contra el temor es el amor incondicional y la gracia que echan fuera el temor a expresarnos.

Enséñale a tus jóvenes que entre los cristianos podemos «equivocarnos en confianza» y algo puede salir mal y no es ninguna tragedia.

A distintos roles distintas reglas y el ministerio de jóvenes no es el lugar para que todo sea profesional y salga bien, sino que debe ser un refugio para que el perfume de la gracia haga que cualquier mal olor pase desapercibido.

La gracia es el primero y más poderoso trampolín para la creatividad de tu grupo.

Cuida los Detalles

Seguramente escuchaste por ahí que hay que hacer las cosas con excelencia, pero no muchos explican que eso no quiere decir que las cosas si o si tienen que ser perfectas ni tampoco se suele señalar que la excelencia se crea con pequeños detalles y no necesariamente los más vistosos. Por ejemplo. Demasiados lideres ponen toda su atención en lo que sucede en el escenario, pero no en lo que sucede en la entrada al saludar a los que recién llegan y ambas cosas tienen un impacto poderoso.

Siempre piensa en cada detalle de lo que sucede en tu ministerio y presta atención a lo que aparentemente nadie ve.

Modela el Esfuerzo

liderar es un privilegio que se gana sirviendo y los mejores lideres no le piden nada a sus liderados que ellos no estén dispuestos hacer. Claro que eso no significa que tú tienes que hacer todo, pero si significa que cuando les pides algo no es por comodidad o porque consideras que tú eres demasiado importante como para hacer esa tarea. Muestra esfuerzo y ellos se esforzarán. Muestra compromiso y ellos se comprometerán

Trabaja en Equipo

Si un ministerio depende de una sola persona es un ministerio débil, no importa cuantos asistentes haya en ese grupo. Cualquier tipo de éxito será aparente y pasajero. El verdadero éxito tiene que ver con fidelidad a una misión y la misión de un ministerio cristianos a los jóvenes es el discipulado que acompaña a la madurez en Cristo y por eso en casi todas las ideas de este libro damos a tender que es fundamental que los jóvenes sean los protagonistas del ministerio y no solamente el público de un gran líder.

Trabaja en equipo con ellos, con otros líderes que sean buenos para lo que tú no eres bueno. Suma padres e incluso abuelos y apoya a otros ministerios de la iglesia. Dios nos hizo para vivir en comunidad

Se Valiente

y la calidad de tus relaciones es la verdadera calidad de tu vida.

Tus jóvenes y tu equipo se animarán a practicar la fe en la medida en que la vean en acción en tu vida. Demasiados ministerios se estancan porque, aunque tienen líderes que son buenas personas y tienen buenas intenciones, pero son líderes demasiado preocupados por la crítica o el fracaso o tienen un apetito exagerado por agradar a todo el mundo. Juégatela y se la jugarán quienes te siguen. Anímate a equivocarte y a ser criticado y ellos se animarán también. Equivocarse no es sinónimo de pecar. A veces las cosas salen mal pero nunca sabremos si funcionan si no probamos. Los que hay que hacer es medir costos y si el costo es simplemente que alguien piense que te equivocaste, ¿Qué importa? La historia no la escriben los que saben hacer las cosas sino quienes las hacen.

ALGUNAS PREGUNTAS QUE DEBES RESPONDER:

¿QUIÉN ESTÁ DETRÁS DE ESTE LIBRO?

Especialidades 625 es un equipo de pastores y siervos de distintos países, distintas denominaciones, distintos tamaños y estilos de iglesia que amamos a Cristo y a las nuevas generaciones.

e625.com

¿DE QUÉ SE TRATA E625.COM?

Nuestra pasión es ayudar a las familias y a las iglesias en Iberoamérica a encontrar buenos materiales y recursos para el discipulado de las nuevas generaciones y por eso nuestra página web sirve a padres, pastores, maestros y líderes en general los 365 días del año a través de **www.e625.com** con recursos gratis.

zona de contenido PREMIUM

¿QUÉ ES EL SERVICIO PREMIUM?

Además de reflexiones y materiales cortos gratis, tenemos un servicio de lecciones, series, investigaciones, libros online y recursos audiovisuales para facilitar tu tarea. Tu iglesia puede acceder con una suscripción mensual a este servicio por congregación que les permite a todos los líderes de una iglesia local, descargar materiales para compartir en equipo y hacer las copias necesarias que encuentren pertinentes para las distintas actividades de la congregación o sus familias.

¿PUEDO EQUIPARME CON USTEDES?

Sería un privilegio ayudarte y con ese objetivo existen nuestros eventos y nuestras posibilidades de educación formal. Visita **www.e625.com/Eventos** para enterarte de nuestros seminarios y convocatorias e ingresa a **www.institutoE625.com** para conocer los cursos online que ofrece el Instituto E 6.25

¿QUIERES ACTUALIZACIÓN CONTINUA?

Regístrate ya mismo a los updates de **e625.com** según sea tu arena de trabajo: Niños- Preadolescentes- Adolescentes- Jóvenes.

¡APRENDAMOS JUNTOS!

e625.com
Sé parte de la mayor
COMunidad de
educadores cristianos
Sigue en todas tus redes a
/e625COM

E625 te ayuda todo el año